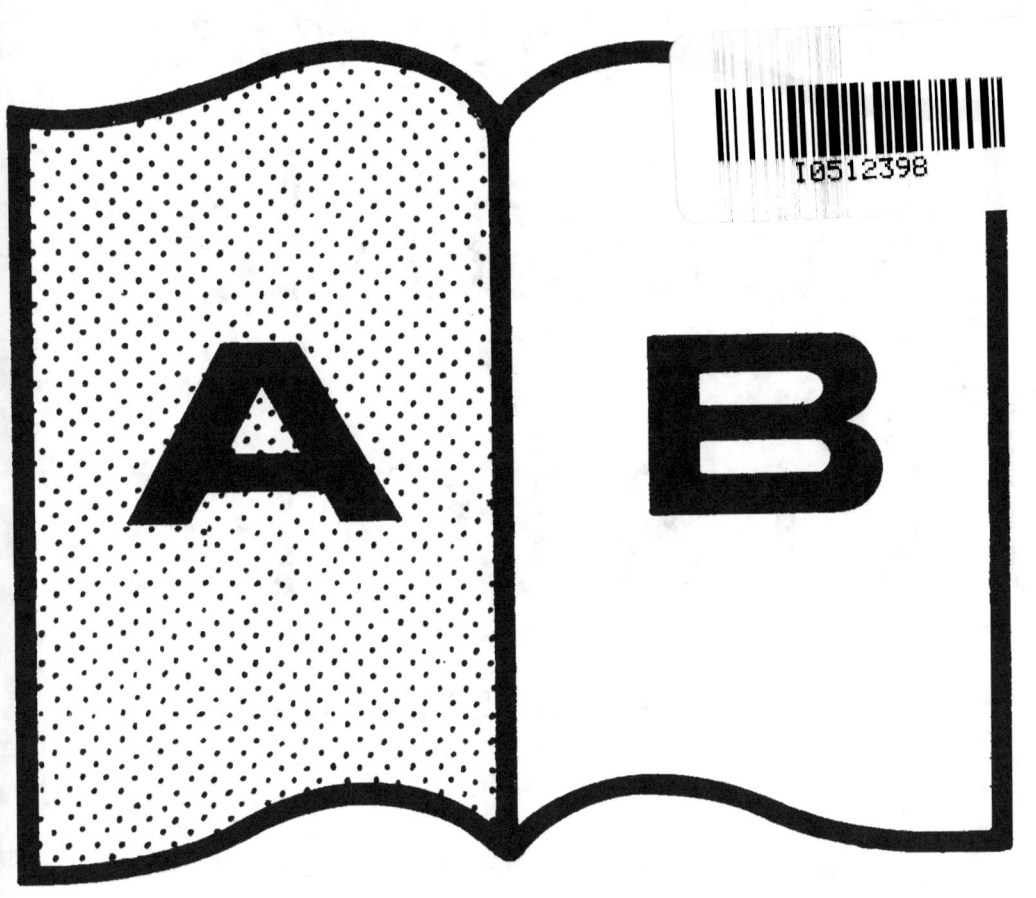

Contraste insuffisant

NF Z 43-120-14

Adélaïde Ristori

ÉTUDES ET SOUVENIRS

DEUXIÈME ÉDITION

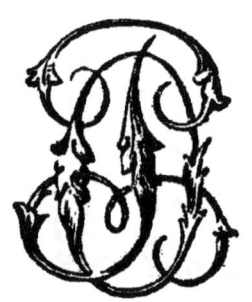

PARIS

PAUL OLLENDORFF, ÉDITEUR

28 bis, RUE DE RICHELIEU, 28 bis

1887

Tous droits réservés.

Adélaïde
Ristori

IL A ÉTÉ TIRÉ DE CET OUVRAGE

Dix exemplaires de luxe sur papier vergé de Hollande, numérotés à la presse (1 à 10).

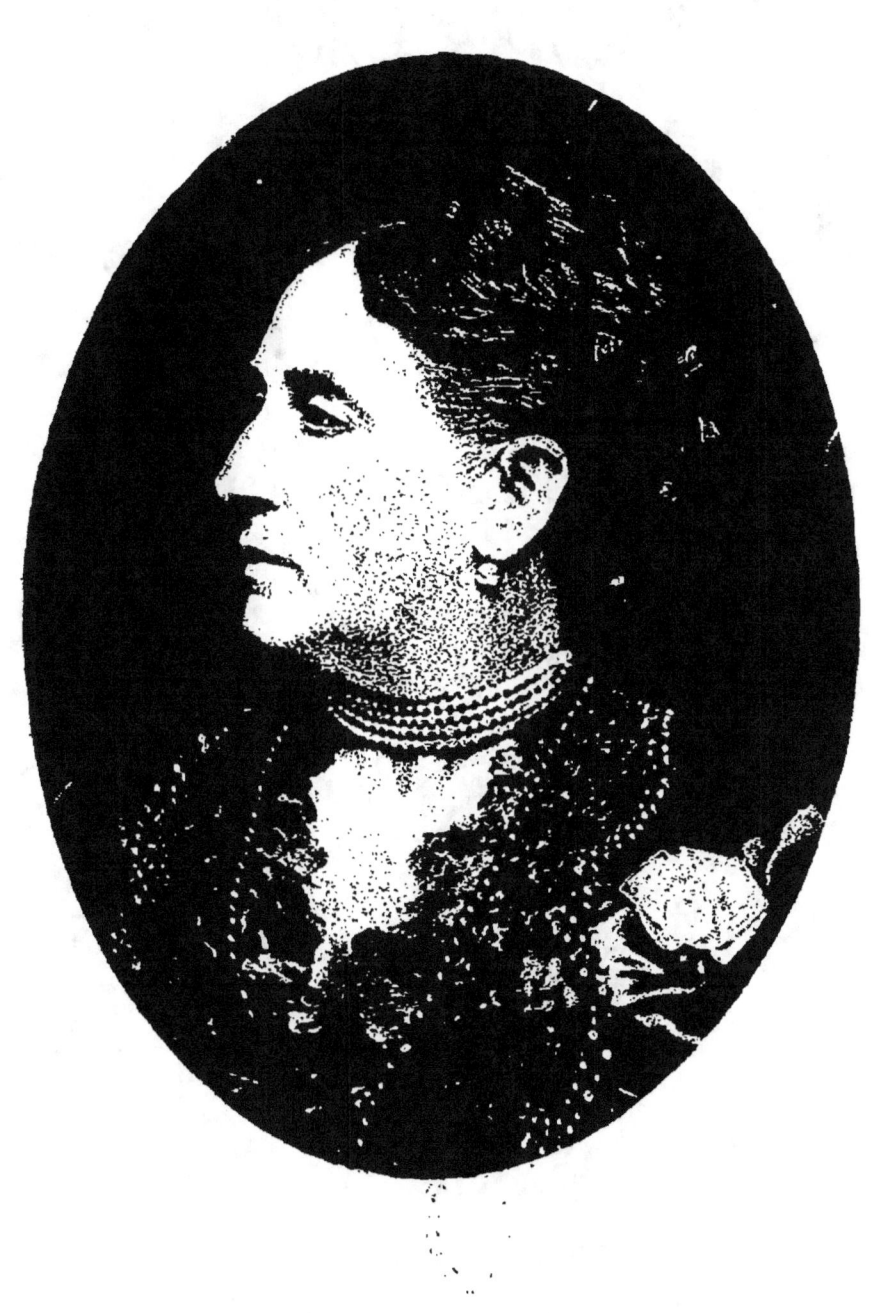

Adélaïde Ristori

ÉTUDES ET SOUVENIRS

—

DEUXIÈME ÉDITION

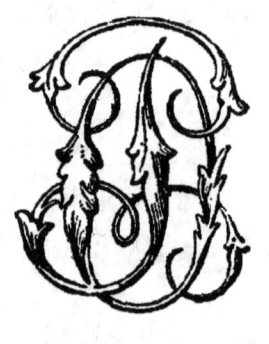

PARIS

PAUL OLLENDORFF, ÉDITEUR

28 *bis*, RUE DE RICHELIEU, 28 *bis*

—

1887

Tous droits réservés.

ADÉLAÏDE RISTORI

ÉTUDES ET SOUVENIRS

AVANT-PROPOS

« La vie est un voyage, » dit-on. — Assurément cette maxime peut s'appliquer à moi. Mon existence s'est passée tout entière dans de longs voyages et j'ai été soutenir mon art dans tous les pays.

Sous tous les cieux j'ai personnifié les héroïnes immortelles d'immortels chefs-d'œuvre et j'ai vu les grands accents de la passion humaine faire tressaillir d'une intense émotion les peuples les plus divers. J'ai apporté dans cette tâche, souvent bien lourde, toute ma conscience d'artiste; j'ai cherché à revivre la vie même des personnages que je représentais ; j'ai étudié les mœurs de leur époque; je me suis reportée aux sources historiques qui me permissent de reconstituer fidèlement leur figure tantôt douce, tantôt terrible, grandiose toujours. Les applaudissements qu'on a bien voulu me donner m'ont récompensée de mes efforts sincères; mais encore dois-je dire que j'ai éprouvé les plus vives jouissances lorsque je parvenais à m'identifier assez avec les personnages des tragédies que je jouais, pour me sentir soulevée par le grand souffle qui les animait et pour vibrer de toute mon âme aux passions que je devais traduire. Je suis sortie souvent de scène, après de prodigieuses tensions de nerfs, brisée de fatigue et d'émotion mais toujours heureuse, car j'adorais mon art.

Peut-être trouvera-t-on quelque intérêt à lire le récit de cette lutte presque corps à corps de l'artiste avec l'œuvre à interpréter; je la raconterai fidèlement avec ses enthousiasmes et ses découragements. Je noterai aussi, et presque au jour le jour, les épisodes principaux de ma vie d'artiste et je rendrai hommage à l'accueil si bienveillant que je reçus partout, dans mes nombreuses pérégrinations accueil qui m'a toujours soutenue et auque j'ai toujours dû le meilleur de mon courage.

CHAPITRE PREMIER

COMMENCEMENTS ET DÉBUTS EN ITALIE

Il semble qu'en naissant, j'aie été vouée au théâtre. Mon père et ma mère étaient de modestes artistes dramatiques, et comme s'ils eussent prévu ma destinée ils me firent aborder, dès ma plus tendre enfance, les émotions de la scène.

Je n'avais pas encore trois mois quand, un soir, le « Directeur » de mes parents ayant besoin d'un enfant au maillot pour une petite comédie, intitulée *les Étrennes*, profita de mon arrivée en ce monde pour se servir, avec le consentement de ma mère, du nouveau bébé entré dans sa troupe. Le sujet de cette petite pièce était d'une simplicité naïve : une jeune fille, à qui son père défend d'épouser celui qu'elle aime, se marie clandestinement avec lui, et en a un fils. Elle n'a pas le courage d'avouer la vérité et se confie à un bon vieux serviteur de la maison. Celui-ci, touché des peines des amoureux, promet de les aider à obtenir le pardon paternel et imagine un stratagème comique. Il était déjà d'usage à cette époque de fêter le nouvel an par l'envoi de cadeaux divers et dans certains petits centres de provinces, les gros bonnets, propriétaires de métairies, recevaient de leurs fermiers un tribut prélevé sur les plus beaux produits de l'année, fruits succulents, œufs choisis et volailles engraissées. C'était dans le panier contenant ces *Étrennes* que le vieux serviteur imaginait de dissimuler le pauvre bébé, en ayant soin qu'il ne fût pas étouffé sous tant de richesses. Il chargeait le métayer de porter l'offrande à son maître. Les invités du dîner du nouvel an se pressaient autour du panier à surprise, tandis qu'au second plan le vieux domestique, riant dans sa barbe, se trémoussait d'impatience. Le maître soulevait le couvercle du panier et en admirait le contenu : la graisse dorée des poulets... la pourpre des fruits... Hélas ! il paraît que grisée par ce parfum tout nouveau pour un petit nez de trois mois, je me mis à manifester ma présence bien avant que le moment en fût venu. Chacun s'étonne et se trouble. Le grand-père, sans le savoir, recule effaré. Le vieux serviteur cherche à sauver la situation en me sortant triomphalement de ma cachette et en me déposant dans les bras de l'aïeul ahuri; mais les acteurs ne trouvent plus leurs répliques, le public manifeste sa joie tandis que mes rugissements d'affamée deviennent tels qu'il faut bon gré mal gré me conduire dans la loge de ma mère où je dois trouver ma consolation naturelle.

Mes poumons ne démentirent pas dans la suite les promesses qu'ils avaient données lors de ma sortie du panier aux miracles. Ce premier haut fait de mon enfance était un sujet inépuisable de gaieté pour ma bonne mère, qui avait les larmes aux yeux chaque fois qu'elle le racontait, et Dieu sait si elle s'en faisait faute !

Je fis mon second début vers trois ans. On représentait un vieux drame moyen âge intitulé *Bianca et Fernando* par Avelloni. Mon rôle était celui du fils d'une veuve, belle et jeune châtelaine. En mourant, le seigneur, son mari, avait confié sa femme et ses domaines à la garde d'un ami, farouche baron, devenu bientôt le tyran du château. N'ayant pu réussir à faire accepter ses hommages à la châtelaine qui aimait un noble chevalier du voisinage, l'infidèle mandataire avait pris la résolution de se venger. Les passions s'accentuaient de part et d'autre, si bien que, dans une scène mouvementée, entre les partisans du seigneur préféré et ceux du tyran éconduit, la châtelaine, en se jetant entre les combattants, abandonnait son enfant, dont le rôle m'était confié. — Le tyran s'en emparait et menaçait de le tuer si la mère n'accédait à ses désirs. L'épouvante était générale, c'est en vain qu'on cherchait à délivrer le petit seigneur. La mère poussait des cris déchirants... Mais alors, une frayeur irrésistible me saisit, je me débats comme un petit diable entre les bras du vilain homme qui me retient de force et que j'égratigne si bien de mes petites mains, qu'il est obligé de me lâcher. Me voilà courant éperdue vers la coulisse en criant: « Maman! maman! » et entraînant à ma suite tous les acteurs qui cherchent à me rattraper. Peine perdue, car ce fut seulement derrière les jupons maternels qu'on réussit à me retrouver. Hélas! on avait dû baisser le rideau devant l'hilarité générale du public.

Le directeur trouvait déjà profit à me donner, dès l'âge de quatre ans et demi, le rôle principal dans des comédies en un acte. A douze ans j'étais régulièrement engagée pour jouer les enfants, et bientôt, grâce à ma taille élancée et à quelques artifices de toilette, on put me transformer en petite femme et me confier des modestes rôles de soubrette. On s'était dit, paraît-il, que soit en travesti, soit en femme, je n'étais bonne qu'à remplir des emplois de ce genre.

J'avais à peine treize ans qu'on me confiait

des rôles de *seconda donna*. C'était déplorable! Mais, qu'y faire? dans une petite troupe comme la nôtre, on n'avait pas le choix et l'on n'y regardait pas de si près.

A quatorze ans j'étais engagée dans la troupe du célèbre acteur Moncalvo pour jouer les jeunes premières et quelques premiers grands rôles en alternant avec une autre actrice d'un âge mûr.

C'est ainsi que je fus appelée à donner ma mesure dans la *Francesca da Rimini* de Silvio Pellico, où je débutai à Novare (Piémont).

Comme j'étais fort grande, je parvins à faire oublier mon extrême jeunesse. Mon succès fut tel que, de plusieurs côtés, on me fit des offres importantes et que, dès l'âge de quinze ans, je pouvais prétendre définitivement aux grands premiers rôles du répertoire.

Mon excellent père, qui était doué d'un réel bon sens, ne se laissa pas séduire par ces offres brillantes, estimant que, si je me lançais si tôt dans les difficultés de la scène, ma santé pourrait en souffrir sans profit pour mon développement artistique. Il refusa ces propositions, préférant les rôles plus modestes d'ingénue que m'offrait la « troupe du roi de Sardaigne », fixée pour la plus grande partie de l'année à Turin. Elle avait pour directeur Gaetano Bazzi, le plus intelligent et le plus habile de son temps. Les conseils de cet homme cultivé rendaient sa direction précieuse, éminemment propre à former de bons artistes. Les étoiles de l'art italien brillaient dans cette troupe. Vestri, la Marchionni, la Romagnoli, et beaucoup d'autres qui dans l'art dramatique occupaient un rang analogue à celui de la Malibran, de la Pasta, de Rubini, de Tamburini, sur la scène lyrique.

Mon engagement pour les rôles d'ingénue était de trois ans, mais après quelques mois on me fit jouer les *jeunes premières* et dès la troisième et la quatrième année j'abordais les grands premiers rôles.

Je crois devoir à deux causes importantes cet heureux résultat si promptement atteint. Ce fut d'abord la progression en quelque sorte méthodique avec laquelle on me fit monter un à un les échelons de l'art : puis la façon admirable dont Carlotta Marchionni dirigea mon éducation artistique. Les conseils de cette actrice célèbre, de ce professeur hors ligne ont influé sur toute ma carrière. Carlotta Marchionni resta toujours pour moi l'amie la plus dévouée.

Dès l'année 1840 ma situation de *jeune première* et de grand premier rôle était établie.

J'avais atteint le but désiré, non sans avoir eu du reste à lutter contre bien des obstacles.

Mais j'adorais mon art et ces obstacles mêmes ne servaient qu'à décupler mon énergie.

Aucune fatigue ne me rebutait : ma passion pour le théâtre était si grande, que, quand mon directeur, afin de ne pas abuser de mes forces, et aussi, peut-être, pour me faire désirer par le public, me donnait une soirée de repos, je me sentais toute dépaysée. J'avais beau profiter de ma liberté pour étudier un rôle nouveau, aussitôt que l'heure du spectacle sonnait, une grande agitation s'emparait de moi ; il me semblait entendre les premiers accords de l'orchestre, les murmures impatients de la foule, le bruit des applaudissements ; je n'y tenais plus. Je ne récitais plus que des lèvres les fragments que je venais d'étudier et, malgré moi, je faisais irruption chez ma mère en lui criant : « Si nous allions au spectacle! » L'excellente femme me recevait par un sourire et me disait : « Tu ne sauras donc pas t'en passer une seule soirée ? » et finissait toujours par se laisser entraîner. Aussitôt arrivée au théâtre, ma bonne humeur revenait, et ma grande joie était alors de jouer des tours à mes camarades.

Un soir, on donnait les *Mémoires du diable;* des masques devaient figurer sur la scène. L'idée me prit de me faufiler parmi les comparses afin d'intriguer le premier sujet. En vain essaya-t-on de m'en dissuader; j'eus bien vite endossé un domino et je me lançai en pleine action. Au coup de minuit, tout le monde devait se démasquer. Qu'on se figure la stupéfaction de l'acteur en s'apercevant de ma présence! Je restais immobile, étouffant mes rires, sans me troubler ; mais le public, qui m'avait reconnue, éclata en applaudissements. Voyant alors que mon camarade allait prendre la chose en mauvaise part, j'attirai à moi les comparses, et, cachée par eux, je m'éclipsai, sûre d'obtenir mon pardon dans la coulisse.

Je n'étais pas toujours aussi gaie. Souvent, une grande tristesse s'emparait de moi sans que je pusse en connaître la cause. Je crois que cette étrange inégalité de caractère venait des émotions violentes que j'éprouvais en jouant des rôles passionnés. Je m'incarnais tellement dans mes personnages que ma santé même en souffrait. Il m'arriva un soir, au dernier acte d'*Adrienne Lecouvreur*, qu'à la suite de la forte tension de mes nerfs, je sentis un grand trouble dans mon cerveau et je perdis connaissance pendant un bon quart d'heure.

Quand j'étais sous l'influence de cette excitation en quelque sorte maladive, un véritable spleen s'emparait de moi; j'aimais à me promener dans les cimetières, je lisais les inscriptions funéraires, et je me sentais émue jusqu'aux larmes par ces témoignages de la douleur humaine. Souvent dans mes tournées, en arrivant dans une ville inconnue, après avoir parcouru les églises et les musées, je demandais à visiter la maison des fous. Les jeunes aliénées m'intéressaient particulièrement. Quand on me permettait d'entrer dans leurs cellules je m'entretenais longuement avec elles, et j'obtenais souvent la confidence de leurs chagrins, de leurs douleurs, hélas! toujours les mêmes.

A mesure cependant que les années passaient, je réussis à ne plus tomber dans ces excentricités, et, dominant mes nerfs, je m'affranchis des idées romanesques et ne me laissai plus distraire de mes chères études.

Il était d'usage en Italie, alors plus encore qu'aujourd'hui, de ne pas prolonger au delà d'un mois, rarement de deux, la série des représentations dans une même ville. Le renouvellement du public était, pour les acteurs, d'un grand avantage. On n'avait pas besoin d'avoir un répertoire varié, l'habitude n'usait pas les enthousiasmes, qui continuaient leur action vivifiante sur l'âme de l'artiste. J'ai toujours eu besoin, pour ma part, et pour le développement entier de mes facultés sur la scène, de sentir s'établir entre les spectateurs et moi cette sorte de courant magnétique qui soutient l'artiste et peut seul lui communiquer l'étincelle qui transforme une étude consciencieuse en une belle inspiration. — Peu m'importait d'ailleurs que mon auditoire fût nombreux ou restreint, intelligent ou d'esprit ordinaire ; je me souvenais en cela, comme en tant d'autres choses, des préceptes si précieux de mon illustre professeur Carlotta Marchionni et il me suffisait de penser qu'il pouvait y avoir dans la salle une seule personne capable d'apprécier mes efforts, pour me maintenir dans le grand élan qui m'empêchait de négliger un seul de mes effets.

Ainsi se passa ma jeunesse ; jamais l'amour du travail ne diminua en moi, et j'arrivais graduellement à compléter mon éducation. Que la nature m'eût destinée à l'art, je n'en pouvais douter, au désir fiévreux que j'avais de m'initier à toutes les formes qu'il revêt.

La musique, la sculpture, la peinture m'enthousiasmaient.

Je me rappelle qu'à Florence, vers la fin d'une saison, fatiguée par une série ininterrompue de représentations, je soupirais après une soirée de repos, désir que naturellement le directeur du théâtre Cocomero — aujourd'hui théâtre Niccolini — n'était pas très disposé à satisfaire. C'eût été à contre-cœur qu'il eût retiré la clef de sa caisse en interrompant, même pour un jour, les représentations de *Pia de Tolomei*, mon succès d'alors. Mais tous ses arguments n'avaient pas réussi à me faire lâcher prise, quand soudain le Malin eut un trait de génie. « Eh bien ! chère Mademoiselle, dit-il d'un air tout glorieux, vous avez beau dire, je crois avoir trouvé le moyen de vous fléchir. — Lequel, s'il vous plaît ? — Vous souvient-il de ce beau dessin de San Miniato al Monte, signé de la main du maître ? — Certainement, celui que j'ai tant admiré dans votre salon ! — Eh bien ! jouez demain soir, et il est à vous. » — C'était un véritable piège qu'il me tendait là, et le fait est que j'y tombai. Le résultat fut qu'après cinq heures de fatigue, j'emportais triomphalement mon dessin, tandis que l'impresario comptait avec satisfaction la recette d'une salle comble.

La diction simple et familière de l'école

française était alors en grande vogue et on lui donnait la préférence sur la nôtre, qui prenait souvent un rythme fatigant. Sans m'éloigner totalement de ma méthode habituelle — qui heureusement n'avait point le défaut dont je viens de parler — j'ai voulu fondre les deux manières, car je sentais que toutes choses étant susceptibles de progrès, l'art dramatique aussi était appelé à subir des transformations. L'ardeur et la vivacité italiennes, ne me firent jamais défaut dans le drame, ni dans la tragédie, et je tins à conserver un des traits de notre nature qui est d'exprimer fougueusement les passions et de ne pas les soumettre aux poses académiques. Si nous enlevons à un artiste italien l'élan de la passion et cherchons à modifier sa nature propre, il devient fade et insupportable. J'ai adopté le système d'un *réalisme coloré*.

Lorsque pour la première fois à l'âge de dix-huit ans on me fit jouer *Marie Stuart* de Schiller, je compris d'après ce que me coûta de peines cette étude grandiose et profonde, combien serait dure et épineuse la carrière que je devais parcourir pour arriver à acquérir les qualités que j'ai acquises depuis. Le public récompensa largement mes efforts et c'est aujourd'hui une de mes plus grandes joies de m'en souvenir et d'en témoigner publiquement ma reconnaissance.

Ce fut à dix-huit ans en effet que j'interprétai pour la première fois le rôle de Marie Stuart dans la tragédie de Schiller.

Qui pourrait croire que l'interprétation d'un personnage aussi important dans une œuvre de cette valeur, puisse être confiée à une jeune actrice de dix-huit ans qui n'aurait jamais joué de premiers rôles? Cela se fait cependant chez nous.

Lorsque le directeur d'une troupe dramatique, auquel nous donnons le titre de *Capocomico*, engage une actrice qu'il considère comme capable de jouer les premiers rôles, à cause de son extérieur ou à cause de son talent, il s'inquiète peu que sa jeunesse ne soit pas en accord avec l'âge du personnage qu'elle doit représenter.

Mon engagement terminé avec la troupe du

roi de Sardaigne, j'entrai, comme je l'ai déjà
dit, en qualité de première amoureuse, dans
la compagnie Mascherpa, au service de la
duchesse de Parme, Marie-Louise.

Bien que les études suivies pendant quatre
années dans la compagnie royale m'eussent
rendu la scène familière, les grands rôles
que l'on m'avait confiés avaient été cependant
toujours en rapport avec ma jeunesse. Quand
mon père signa mon engagement avec M. Mascherpa, il savait par expérience que dans les
troupes qui voyageaient on ne représentait
que rarement les tragédies, et que, par conséquent, je ne courais pas le risque d'assumer
une tâche qui eût dépassé mes forces.

Néanmoins, sans égard pour ma jeunesse
et pour mon peu d'expérience, mon directeur
me confia immédiatement tout ce que l'on pouvait donner de plus sérieux, de plus important
et de plus difficile à une actrice consommée.

Ce directeur était un excellent vieillard,
mais il n'avait guère l'intelligence artistique.
Il savait qu'il avait le droit de me distribuer tous
les rôles pour lesquels il m'avait engagée...

par conséquent pour lui, *je devais savoir les jouer*.

Parmi les rôles importants dont il me chargea il y en avait que la Marchionni avait abandonnés, bien que toutes les troupes dramatiques eussent le même répertoire, parce qu'elle n'était plus assez jeune ; en sorte que je n'avais même pas la ressource d'aider mon inexpérience et de me tirer d'embarras en l'imitant. Aussi quand on me chargea de représenter Marie Stuart (c'était à Trente), je fus atterrée et je me crus perdue !

Ni la faveur croissante du public, que j'attribuais à ma jeunesse, ni les encouragements de mes parents et de mes amis ne purent me rassurer. Cependant, comme je ne pouvais manquer à mes obligations, je dus me résigner non sans me recommander à tous mes saints protecteurs. Je me mis à étudier. avec le plus grand zèle et sans retard, les beaux vers d'André Maffei[1].

---

[1]. André Maffei traduisit en outre de *Marie Stuart* tout le théâtre de Schiller, les poésies de Th. Moore, plusieurs de Byron, etc.

J'avais peu de temps devant moi. Il fallait aussi m'occuper de mon costume. J'avais bien, durant les quatre années passées dans la troupe royale sarde, récité quelques rôles de tragédie, mais aucun de cette importance. — On me disait, il est vrai, que je montrais des dispositions pour le genre tragique, qu'il fallait me former par l'étude et la pratique ; mais je ne pouvais croire que je dusse commencer par un essai comme celui-là !

La nuit qui précéda la première représentation je ne pus fermer les yeux : j'avais la fièvre, je me sentais inférieure à cette difficile épreuve. Il me semblait que le public murmurât contre mon incapacité. Tous ces yeux fixés sur moi me paraissaient des pointes acérées labourant mon pauvre corps ; si, par instants, je m'abandonnais au sommeil, les visions les plus étranges m'apparaissaient aussitôt. Je croyais m'entendre dire : « Pauvre fille ! jamais elle n'arrivera à la hauteur d'un si grand rôle ; » et je voyais le rideau tomber lentement, lentement, au milieu d'un silence général ; pas un ami qui osait m'applaudir. Alors mon cœur battait fort et de grosses gouttes de sueur ruisselaient de mon front.

Ma chère mère, toujours bonne et caressante, vint me tirer de ce sommeil agité; la lumière du soleil dissipa les tristes fantômes et je repris courage.

On lira, j'espère, avec intérêt, l'étude que j'ai faite du rôle de *Marie Stuart*. Je crois bon de montrer, dans l'analyse minutieuse de chacune des situations qu'il comporte, quelle somme de travail l'artiste consciencieux doit fournir et quelles sont parfois ses hésitations devant la création d'un personnage historique.

CHAPITRE II

ÉTUDE SUR LE ROLE DE MARIE STUART

Comme le but de ce travail est une simple étude artistique, il ne comporterait pas ici une dissertation historique ni une discussion sur les diverses opinions émises pendant près de trois siècles par les auteurs les plus célèbres sur l'innocence ou la culpabilité de la malheureuse Marie Stuart. Je dirai seulement que les persécutions exercées contre cette véritable martyre m'ont paru si indubitablement injustes et cruelles qu'elles ont servi de base au critérium que je me suis formé pour la représentation de ce personnage.

Les faits auxquels je fais allusion n'ont pu

que confirmer en moi la conviction que je m'étais faite tout d'abord et que j'ai toujours gardée, de l'innocence de Marie Stuart. Cette princesse a été victime de sa beauté, de sa culture, de ses talents, du charme qu'elle exerçait autour d'elle et de sa fervente foi catholique. Si elle tomba dans quelques faiblesses qui eussent passé inobservées chez toute autre femme, elle eut la douleur de les voir exploiter par ceux qui méditaient sa perte. On ne tint compte ni de sa jeunesse ni, plus tard, des temps et des lieux où elle avait vécu. De ces actes de légèreté plus apparente que réelle, ses persécuteurs ont fait la base d'un édifice épouvantable qui devait plus tard l'écraser. A de simples imprudences on a donné les teintes les plus sombres.

Je suis fermement convaincue que les chefs d'accusation, que l'on a fait valoir contre elle et qui ont été pour Marie la source d'indicibles douleurs, surtout celui relatif au meurtre de son mari, ont été altérés et défigurés dans l'intérêt de ses oppresseurs et divulgués sous les aspects les plus repoussants;

car la bassesse, la méchanceté, l'imposture, ont conspiré la perte de la malheureuse reine d'Écosse.

Tout le monde sait que, pour mettre Marie dans l'impossibilité absolue de déjouer de si perfides machinations, on la tint en prison l'espace de dix-neuf ans, pendant lesquels la malheureuse demandait en vain par ses lettres, par ses protestations, par ses suppliques déchirantes, d'être admise à se justifier, devant Élisabeth ou devant le Parlement, des perfides calomnies lancées contre elle. Elle ne fut jamais écoutée, preuve évidente de la crainte que l'on avait de la voir établir les témoignages de son innocence.

Comment Marie pouvait-elle combattre? Quelles armes, quelle résistance opposer à tant de forces liguées contre elle, si sa voix ne pouvait franchir le seuil de sa prison? Si tout appui lui était refusé? Si à chaque pas elle se heurtait à une embûche dressée contre elle? Si sur les quarante-quatre années de son existence elle en passa dix-neuf dans la plus humiliante et douloureuse captivité?

Il est hors de doute, et beaucoup d'historiens le prouvent, que la conduite de cette princesse fut toujours irréprochable depuis son enfance jusqu'à la mort du comte Darnley. Peut-on admettre qu'une personne de la nature de Marie Stuart, belle, aimable, instruite, insinuante, douée de toutes les qualités qui rendent une femme souverainement estimable, ait pu tout d'un coup renoncer à la vertu pour se précipiter dans l'abîme du vice et commettre des forfaits digne du plus abject criminel, ainsi que ses détracteurs ont voulu le faire croire?

Ce qui a attiré surtout tant d'inimitiés à la malheureuse Marie Stuart ce fut d'avoir hérité, en naissant, de trois péchés capiteux qui ne lui furent jamais pardonnés, à savoir : d'être reine légitime, d'être catholique et surtout de passer pour la plus jolie femme de son temps.

Ces considérations n'ont fait qu'augmenter la sympathie que le sort de cette malheureuse reine avait toujours éveillée en moi. Voilà pourquoi j'ai consacré à l'étude de ce personnage tous mes moyens intellectuels, toutes les forces de mon âme, afin de bien faire ressortir la noblesse de caractère, la dignité de la souveraine vilipendée, l'abnégation de la victime opprimée, la résignation de la martyre. J'ai été amenée aussi à ce résultat par l'étude soigneuse que j'ai faite de la période historique dans laquelle elle a vécu; étude du reste qui se lie intimement aux recherches que j'ai dû faire sur la carrière d'Élisabeth.

Je suis profondément convaincue que toute personne impartiale, généreuse et sensible ne cessera de s'apitoyer sur la destinée de Marie Stuart que la jalousie d'une cruelle rivale conduisit à l'échafaud à travers une suite ininterrompue de persécutions et de tortures.

Le public connaissait mes craintes ainsi que les efforts que j'avais faits, et il était disposé à en tenir compte.

A mon entrée en scène, on s'aperçut du soin que j'avais apporté à l'étude de mon personnage, étude qui, d'après la coutume contractée alors par les compagnies italiennes voyageant dans le pays, se faisait à la vapeur. Le costume *correct* que je portais, ma coiffure historique, ma taille élancée, l'ovale de mon visage et sa pâleur due en grande partie à l'émotion qui m'envahissait, mes cheveux blonds, tout l'ensemble enfin de ma personne qui prêtait à la ressemblance avec la malheureuse reine d'Écosse, m'attira vite la sympathie du public.

Je fis du mieux que je pus, et les spectateurs me rappelèrent plusieurs fois sur la scène, surtout après le troisième acte qui est le principal de la pièce. Il me semblait que j'avais fait la conquête du monde et j'étais sûre que mon directeur serait fier de moi et viendrait bientôt m'encourager en m'exprimant sa grande satisfaction pour la bonne réussite de cette expérience. On se figurera aisément ma surprise lorsqu'en l'apercevant je lui demandai avec une vanité enfantine s'il avait été content de moi? Le bon vieillard serrant les épaules, fronçant les sourcils et esquissant une grimace d'indulgente ironie, me répondit en ces termes : « Écoute, ma petite, tu as un penchant très prononcé pour la comédie, mais quant à la tragédie, laisse-moi te le dire, ce n'est pas ton affaire ; écoute mon conseil et laisse-la de côté. »

Il est bien vrai que la comédie avait des attraits pour moi, mais je crois pouvoir dire... que par la suite... j'ai cherché à me faire honneur aussi dans la tragédie. Les paroles du directeur me stupéfièrent. Certainement je n'ai pas interprété le rôle à cette époque comme après les études approfondies que j'ai faites depuis ; cependant je ne croyais pas avoir mérité un jugement si sévère.

Dès mes premières études j'avais compris combien il était important d'observer l'expression de mon visage et mon maintien pour me présenter sur la scène sous les traits de la reine d'Écosse. Le public devait comprendre immédiatement ce qu'il était appelé à juger. Mes traits devaient être ceux de la femme chez laquelle les persécutions et les tortures n'ont pu éteindre la force d'âme qui lui a fait supporter héroïquement les plus cruelles épreuves.

C'était d'un air résigné et patient que j'écoutais le rapport de la fidèle Anne Kennedy m'annonçant que Paulet avait forcé brutalement mon secrétaire, en avait pris les bijoux et jusqu'à la couronne de France que Marie conservait religieusement comme un souvenir de sa grandeur passée.

Sans me troubler le moins du monde, comme pour prouver que les vanités terrestres ne me touchaient plus, je disais :

Calme-toi, Anna! Ce ne sont pas les ornements qui font une reine.

L'on peut nous maltraiter d'une manière infâme; nous courber, jamais! Chère amie, on m'a tellement habituée à tout supporter ici, que je ne peux plus m'affliger d'une si petite perte.

Après cela je me dirigeais calme et digne vers Paulet, et j'avais avec lui une discussion dans laquelle j'opposais une patience angélique au mépris d'Anne. Seulement, grâce à la conviction profonde que je nourrissais (contrairement à l'opinion de Schiller), je récitai mollement les vers dans lesquels l'auteur fait avouer à Marie sa complicité dans le meurtre de Darnley. On voit que l'auteur s'est laissé induire en erreur par les historiens Hume et Buchanan qui sont des adversaires de Marie Stuart.

Dans la scène de Marie avec Mortimer, je montrais, de temps en temps, comment un rayon d'espoir était parvenu à illuminer les ténèbres de mon existence et faisait briller à mes yeux la possibilité de ma libération. Mais bientôt, regardant autour de moi les murailles sombres qui m'entouraient, le sentiment de ma misère faisait évanouir cette espérance.

Mon cœur s'ouvrait avec abandon à Mortimer, car je voyais en lui un ange consolateur envoyé par Dieu pour me délivrer. Mon maintien changeait complètement à la vue du perfide Cecil Burleigh, le ministre et conseiller d'Élisabeth.

Lorsqu'il s'approchait suivi de Paulet, je reprenais toute la fierté qui convenait à mon rang pour confondre l'arrogance de mes persécuteurs. Lorsque Cecil m'accusait avec insolence de complicité dans la conjuration de Babington et de rébellion aux lois d'Angleterre, avec toute la dignité de la reine offensée, de la femme calomniée, de l'étrangère opprimée, je répondais :

Tout accusé doit être jugé par ses égaux. Or, qui de vous est mon égal ? Personne. Je n'en connais d'autre qu'un roi.

Et quand Burleigh me disait que j'avais déjà entendu les accusations pendant mon jugement, que je vivais sous le ciel britannique et que j'en respirais l'air ; que je me trouvais sous la protection des lois anglaises et que je devais en respecter les décrets, je me retournais tout à coup et fixais sur lui un regard irrité, en disant avec un sourire ironique :

...Je respire l'air d'une prison anglaise : Est-ce peut-être jouir des lois d'Angleterre ? je les connais à peine et je ne saurais me soumettre volontairement à leur autorité. Je ne suis pas née Anglaise, je suis une reine indépendante : une reine de contrées étrangères.

Et continuant sur le même ton je réfutais une à une toutes les fausses accusations qu'il me jetait à la face. Mais à la fin, voyant que toutes mes justes protestations étaient inutiles, convaincue qu'il ne me servait de rien d'alléguer les preuves de mon innocence, puisque la force primait le droit, je disais d'un ton qui trahissait mon émotion :

Je suis la plus faible ; elle est la plus forte. Eh bien ! qu'elle use de son pouvoir. Qu'elle m'égorge, qu'elle immole l'innocente victime sur l'autel de la Terreur : on verra bien que c'est la violence qui la dirige et non la justice.

Mais l'amertume que je ne pouvais plus retenir, commençait à déborder et je continuais :

Qu'elle n'invoque pas la sainteté des lois pour frapper de leur glaive une rivale innocente et redoutée. Qu'elle arrache le manteau sacré dont elle couvre son cruel despotisme, et qu'elle cesse de tromper l'univers par ses intrigues et ses mensonges.

Et donnant libre cours à mon indignation je terminais :

Elle peut me tuer, non me juger. Qu'elle cesse de couvrir du masque de la vertu les injustes projets de son âme criminelle, qu'elle ose enfin se montrer telle qu'elle est au monde entier !

Puis, jetant sur Burleigh un regard méprisant je quittais la scène.

Dans le troisième acte, Schiller démontre comment une âme noble, élevée, pleine de foi religieuse, endurcie à la douleur et résignée à tous les coups du sort, peut s'oublier, se manquer à elle-même, se transformer, lorsque l'insolence et la méchanceté dépassent les limites de la patience humaine.

Suivie de ma fidèle Anne, j'entrais en scène d'un pas rapide, rayonnante de joie, enivrée de la fraîcheur que je respirais dans le parc, et qui, en caressant mon visage, donnait une nouvelle vigueur à mon corps abattu. — Les vers magnifiques du fragment de poésie de cette scène, non seulement attendrissent le spectateur par la joie émouvante qu'ils expriment, mais encore offrent un piquant contraste de contentement naïf et de profonde tristesse :

Laisse, laisse-moi jouir de cette liberté nouvelle. Pussé-je redevenir une joyeuse jeune fille, et toi m'imiter ! Laisse-moi marquer en courant de légères empreintes sur l'herbe douce de ces prés fleuris. Je suis sortie des ténèbres de ma longue captivité... j'ai cessé d'être entourée de ce cercle douloureux qui m'étreignait... Laisse-moi exhaler mon souffle haletant et le mêler à l'air serein et bienfaisant des cieux ! Plantes verdoyantes, mes amies, merci ! Votre épais ombrage dérobe à ma vue les murs de ma prison, de mon horrible cachot ! Je vais me croire libre et heureuse ! Pourquoi me ravir cette douce illusion ? est-ce qu'autour de moi ne se déroule pas l'horizon sans limites ? est-ce que, dans cet espace immense, ma vue rencontre encore des chaînes ou des barrières ? Là, où s'élèvent les vapeurs bleuâtres des montagnes, là sont les bornes de mes États, et ces légers brouillards qui courent vers le midi cherchent l'Océan qui baigne les rives de France ! O nuées rapides et légères, pèlerines qui voyagez dans l'air ; oh ! puissé-je m'envoler avec vous

. . . .

Mais un tel abandon de l'âme devait faire bientôt place aux plus fortes émotions. Lorsqu'on venait m'apprendre qu'Élisabeth m'accordait une entrevue, je changeais entièrement de physionomie, je tremblais ; je voulais m'éloigner à tout prix, et rien ne pouvait mieux traduire mon misérable état que les vers suivants que j'avais à dire en réponse aux paroles affectueuses de Talbot qui essayait de tous les moyens pour me persuader de voir la reine.

Moi-même, Talbot, je l'ai souhaité. Je m'y suis préparée de longues années, j'ai gravé dans mon cœur et dans mon esprit toutes les paroles qui pouvaient le mieux la fléchir, la toucher. Tout à présent est effacé, oublié ! je ne sens vivre en moi que le souvenir de mes injustes douleurs. Une fureur aveugle me dévore et m'enflamme contre elle. En un instant se sont enfuies les meilleures pensées, et je sens les furies, qui seules sont restées en moi, agitant leurs chevelures de serpents !

Ensuite, l'âme plus tranquille, mais pleine de tristesse profonde, j'ajoutai :

Ah ! nous n'aurions jamais dû nous voir : rien de bon, Talbot, ne peut en résulter.

Marie est pleine de trouble à l'idée de se trouver face à face avec son plus terrible ennemi, Burleigh ; mais Talbot lui apprend que Leicester seul accompagne Élisabeth et elle ne peut s'empêcher de répéter ce nom avec un cri de joie, qui lui attire de la part de la fidèle Anne un avertissement, mais qui reste inaperçu de Talbot occupé à épier l'arrivée de la reine.

A la vue d'Élisabeth, je me réfugiais toute tremblante au fond de la scène où je me cachais parmi les buissons, de manière cependant à pouvoir observer le visage de ma persécutrice. Alors, après avoir écouté les paroles qu'Élisabeth prononçait avec vanité, en ayant l'air de s'adresser à sa suite, mais en réalité dans le but évident de faire connaître à l'infortunée captive l'adoration que son peuple lui portait, je disais avec une profonde tristesse :

Ciel! ce visage m'apprend qu'elle n'a pas de cœur!

Cependant Anne et Talbot me faisaient les gestes les plus suppliants pour m'encourager à m'approcher de la reine; mais je tâchais de leur opposer une vive résistance. A la fin, je cédais à leurs prières, et je m'approchais d'Élisabeth à pas lents et avec un effort évident pour m'agenouiller devant elle, laissant deviner clairement combien il en coûtait à ma dignité. Mais mon genou n'avait pas encore touché le sol que ma nature se révoltait sous cette humiliation et que je reculais promptement avec horreur, et j'allais me réfugier dans les bras d'Anne. Celle-ci, me suppliait de ne pas persister dans mon refus et faisait appel à ma foi religieuse.

Alors je me surmontais, je relevais avec affection ma fidèle nourrice et, laissant voir le sacrifice immense que je faisais en me rendant à ses prières, je disais avec un profond soupir :

Soit ! je me résigne à cet excès de honte !

Puis avec un ton qui correspondait au sens des vers suivants,

Mon âme renonce à une fierté généreuse, mais inutile ! Je ne veux plus me rappeler qui je suis et ce que j'ai souffert. Je veux m'humilier devant celle qui m'a ainsi couverte de honte.

je levais les yeux au ciel, je pressais contre mon cœur le crucifix de mon rosaire qui pendait à mon côté, j'offrais à Dieu le sacrifice de ma dignité, et après m'être recueillie un instant pour demander à Dieu force et courage, je disais à Élisabeth d'une voix ferme et calme :

Dieu, ma sœur, a fait pencher en ta faveur la balance et a couronné la tête fortunée.

Ensuite, je faisais tout à coup une pause et

exprimais avec une hésitation marquée combien il était dur pour moi de donner une nouvelle satisfaction d'orgueil à ma rivale en m'abaissant devant elle en présence de ses courtisans. Enfin, par une inspiration subite, je m'agenouillais et disais avec vivacité :

Je bénis le Dieu qui t'a rendue si puissante.

Désirant lui faire comprendre ainsi que je ne m'humiliais pas devant elle, mais devant l'Être suprême. Je continuais d'une voix suppliante :

Montre-toi aussi clémente que grande dans le triomphe, et ne me laisse pas ensevelie dans la honte. Ouvre tes bras; tends-moi avec bonté ta main royale ! relève-moi de ma chute profonde !

A un signe de condescendance impérieuse d'Élisabeth je me relevais en soupirant tristement. Puis, d'un ton soumis et résigné, au lieu de répondre à ses accusations, j'énumérais toutes les injustices que j'avais eu à subir; je prenais Dieu à témoin que je me voyais forcée de l'accuser malgré moi, je lui prouvais qu'elle n'avait été avec moi ni juste ni compatissante;

qu'elle avait foulé aux pieds les droits des gens et ceux de l'hospitalité en m'enfermant, moi, son égale, dans un sépulcre, sans tenir compte du secours que j'avais imploré d'elle, en m'ôtant mes amis et mes serviteurs et, pour comble d'ignominie, en me traînant devant des tribunaux insolents... Ensuite, sur un geste de ressentiment qu'Élisabeth me faisait, je changeais complètement de voix pour prendre peu à peu, et involontairement, un ton irrité, et j'ajoutais :

Laissons le passé ; nous voici face à face. Montre ton bon cœur ! Dis-moi de quel crime tu m'accuses ! Je veux te satisfaire entièrement.

Mais l'inhumaine Élisabeth me répondait :

Laisse là le destin, et n'accuse que ton âme criminelle ! Accuse l'ambition effrénée de toute ta famille ! Nous n'avions encore aucun démêlé ensemble, quand ton digne parent, ce féroce vieillard qui étend sa main téméraire sur toutes les couronnes, osa me défier ! Il t'inspira l'audace d'usurper mes titres et mon diadème.

En entendant le mépris avec lequel Élisabeth parlait du pape, accusant Marie de fautes qu'elle n'avait jamais commises, de conjurations auxquelles elle n'avait jamais participé, je levais les yeux au ciel et je disais :

Dieu fera ce qu'il voudra de moi?

Puis, m'adressant à Élisabeth elle-même :

Mais toi, tu ne peux pas abuser de ton pouvoir pour une telle œuvre sanguinaire.
— Et qui pourrait m'en empêcher?

répondait Élisabeth.

Je ne négligeais aucune occasion de faire comprendre les efforts que je faisais pour supporter la conduite injurieuse de cette femme, tantôt implorant du geste l'aide de Dieu, tantôt demandant du regard une consolation à Talbot que je faisais juge des injustes provocations de ma rivale. Cependant mon âme était sur le point de se révolter lorsqu'elle me disait :

Je n'ai de sécurité qu'en exerçant ma puissance, et je ne fais nulle paix avec une race de vipères!

Je me sentais tout à coup faiblir et chanceler... Anna et Talbot venaient promptement à mon secours, mais je les remerciais d'un geste affable et les priais de s'éloigner, ce moment de faiblesse dont je n'avais pu être maîtresse ayant passé rapidement. Mais convaincue par le ton dur, ironique et insolent d'Élisabeth qu'elle ne reconnaîtrait ni mon innocence ni la légitimité de mes droits, je tournais la tête lentement de son côté ; et mon long regard pénétrant, accompagné d'un léger sourire ironique, semblait dire : Tu abuses lâchement du pouvoir du plus fort sur le plus faible. Et en même temps un accès de révolte contre mon affreux sort me poussait à demander à Dieu amèrement si je l'avais mérité... Mais le sentiment religieux reprenait bientôt le dessus, et résignée j'inclinais la tête en soupirant, comme une créature qui céderait à une force inévitable, et offrirait à Dieu le martyre auquel elle est condamnée. Je reprenais ensuite avec un visible effort mais avec dignité :

Règne sans crainte ; j'abandonne tout droit à ton trône. Les ailes de ma pensée sont repliées, et les grandeurs ont cessé de me réjouir. Tu les possèdes, et moi, je ne suis plus que l'ombre de Marie Stuart. La

honte de mes fers a dompté mon ancienne audace !
Tu en a fait la dernière épreuve, et tu as détruit le
dernier charme de ma vie. Arrête-toi maintenant ! Prononce la généreuse parole pour laquelle tu es venue,
car je ne puis croire que tu sois venue ici pour l'affreuse joie d'insulter ta victime ! Prononce cette parole
si désirée et dis-moi : « Marie, tu es libre. Tu n'as
encore connu que mon pouvoir, connais ma clémence. »

. . . .

Ma sœur, non ! dans tout Albion, dans tous les pays
qu'embrasse l'immense Océan, je ne voudrais pas
paraître devant toi avec ce visage inexorable que tu
montres à mes yeux.

Cette émotion juste et naturelle, loin d'attendrir Élisabeth, ne faisait qu'augmenter encore son insolence et elle donnait libre cours à sa haine. Sans retenue et sans considération pour le rang et pour l'humiliation de sa rivale opprimée, elle l'insultait avec une satisfaction féroce en lui disant que si elle ne commettait plus de crimes, c'est qu'elle n'avait plus d'assassins à son service, c'est qu'il ne se trouvait plus aucun aventurier qui entreprît pour sa défense

« ...les tristes offices de chevalier errant...

Ironiquement elle la plaignait, déplorait son

prestige évanoui et, pour achever de torturer son cœur, lui disait avec le plus grand mépris :

En vain tu cherches, parmi les Anglais d'aujourd'hui un quatrième époux ! puisque tu tues les maris aussi bien que les amants !

A ce vil outrage une flamme me montait au visage et j'allais me jeter sur elle, disant : « Oh Dieu !... ma sœur !... » Mais Talbot et Anne s'élançaient pour me retenir et me calmer : alors, avec un effort surhumain pour me contenir, convulsivement et rapidement je pressais mon rosaire contre mon cœur en m'écriant :

Dieu ! donne-moi de la patience !

A grand'peine Talbot et Anne m'empêchaient de partir. Élisabeth, pendant ce temps, me regardait avec un souverain mépris et se moquant de Leicester, qui avait dit qu'on ne pouvait voir Marie sans être amoureux d'elle, et qu'on ne pouvait lui comparer en beauté aucune autre femme, elle disait, mettant ainsi le comble à sa méchanceté :

...Pour que l'univers entier célèbre une femme, il suffit que cette femme appartienne à l'univers entier.

Ma colère, si longtemps retenue, éclatait impétueusement à cette infamie, et je m'écriais :

Ah ! c'en est trop !

Je voulais parler, mais la colère qui m'avait défigurée et qui faisait trembler tout mon corps m'en empêchait. Avec effort et la voix suffoquée, avec des mots entrecoupés je commençais les premiers vers de ma repartie :

J'ai succombé à l'erreur dans la faiblesse de mes jeunes années ; le pouvoir m'a ébloui, mais je n'ai pas dissimulé mes fautes ! j'ai toujours été trop fière pour ne pas dédaigner les ténébreuses intrigues.

Ces paroles, je les prononçais comme si ma bouche était pleine de fiel ! Et puis je m'animais peu à peu et laissais libre cours à la haine longtemps renfermée dans ma poitrine, désireuse de rendre insulte pour insulte à celle qui m'avait tant calomniée en présence de tous :

On connaît ce que j'ai fait de pis, et je puis dire que je vaux mieux que ma réputation.

Puis m'approchant d'elle, j'ajoutais avec une fureur sauvage :

Mais toi, misérable hypocrite, si jamais le manteau

honorable dont tu couvres les infamies de tes honteuses amours vient à tomber...

et ma fureur touchait à son comble quand, avec une voix puissante et le regard enflammé, je disais :

...on reconnaîtra la fille d'Anne de Boleyn, qui ne put te léguer la pudeur. Chacun sait déjà quels furent les adultères dont ta mère a été convaincue dans les fers!

Puis je restais immobile, foudroyant Élisabeth du regard et faisant comprendre que j'étais au comble de la joie d'avoir à mon tour humilié mon ennemie.

Élisabeth, frappée mortellement de mon audace, jetait des regards fulminants sur moi : Leicester et Paulet couraient à elle pour essayer de désarmer sa colère, pendant que Talbot et Anna m'entouraient épouvantés ; Talbot, avec l'autorité que lui donnaient son âge et son dévouement, éclatait en reproches :

Est-ce là, Marie, de la déférence et de l'humilité ?

A quoi je répondais, hors de moi :

De la déférence! J'ai souffert tout ce que peut souffrir un cœur mortel ! Plus de cette humilité lâche!

loin de mon âme déchirée cette patience inutile! Tu brises tes chaines, tu sors de l'abime, ô colère trop longtemps contenue! Et toi qui as donné un regard meurtrier au serpent irrité, arme mes paroles de traits empoisonnés!

Pendant ce temps chacun s'empressait autour d'Élisabeth pour la persuader de s'éloigner... je cherchais dans mon esprit, toute frémissante, une insulte plus terrible encore et, la bravant de nouveau, rompant toute contrainte, je m'écriais :

Une bâtarde souille le trône d'Angleterre! Le peuple anglais se laisse tromper par une vile comédienne! Si le bon droit régnait tu te traînerais à mes pieds, dans la poussière où je me trouve moi-même; car moi, je suis la reine!!

et je prenais une attitude menaçante.

Alors Élisabeth, s'arrachant des mains de Talbot et de Leicester, tentait de s'élancer sur moi, tandis qu'avec la dignité de la majesté offensée, impérieusement je lui faisais signe de partir; elle s'en allait, en effet, dans la plus grande fureur, emmenée de force par ses courtisans. A mesure que je la regardais s'éloigner, je m'avançais jusqu'au bord de la scène et, saisissant la main d'Anne avec un transport de joie à la pensée de la vengeance obtenue, je disais :

Elle s'éloigne enflammée de rage et la mort dans le cœur! Anna! que je suis heureuse! je l'ai avilie aux yeux de Robert!

Cette idée me remplissait de joie et je m'écriais avec une satisfaction féroce :

Enfin, après tant d'opprobres et tant de tortures, une heure, une heure au moins de vengeance et de triomphe!

Je quittais ensuite la scène d'un pas rapide et suivie d'Anne.

Après toutes les observations que je viens de faire, le lecteur pourra se convaincre comment en représentant ce troisième acte, qui est la partie essentielle du drame, j'ai cherché surtout à mettre en relief le grand contraste qui existe entre les caractères de deux parentes et rivales, dont l'une est malheureuse et l'autre toute-puissante et fermement résolue à faire une victime de la pauvre Marie Stuart.

Afin de mieux apprécier la justesse de mon

interprétation, il convient de faire remarquer que l'auteur amène hardiment la rencontre des deux rivales précisément afin de pouvoir mieux profiter de l'effet certain des contrastes, et de mettre en évidence la fierté légitime de Marie Stuart qui se sent la reine véritable.

Il ne fallait pas négliger non plus de donner du relief à son sentiment religieux qui est une manifestation essentielle et qu'on ne peut séparer de l'esprit torturé de Marie.

Comme on le sait, Marie Stuart n'apparaît pas dans le quatrième acte.

Avant de commencer l'analyse du cinquième acte, je désire la faire précéder des raisons qui m'ont portée à ne pas tenir compte des indications que donne Schiller à l'égard du costume que Marie Stuart doit porter dans cette partie de son drame.

Il existe plusieurs versions relatives aux vêtements que portait l'infortunée Marie Stuart au moment de son exécution. Cependant, il y a lieu de croire que la cause de ces divergences d'opinion procède de récits fantastiques. Il y en a qui l'envoient à la mort habillée entièrement de rouge avec toute la pompe royale; Schiller la fait mourir avec un riche vêtement blanc, la couronne sur la tête, couverte d'un long voile noir et le crucifix entre les mains. En ce qui concerne cette dernière version, deux choses me paraissent invraisemblables : d'abord, il n'est pas admissible qu'une femme enfermée, à l'âge où les impressions de douleur sont les plus profondes, après dix-neuf années de torture, de spasmes, de larmes, réduite à demander au bon Melvil son aide pour descendre l'escalier qui doit amener au supplice parce que ses genoux sont gonflés par l'insalubrité des prisons dont elle sort; il est inadmissible qu'une martyre de la foi puisse nourrir des sentiments de vanité féminine et penser à produire par sa beauté une vive impression sur ceux qui doivent la voir pour la dernière fois. En second lieu, Marie n'aurait pu se parer ainsi sans le consentement d'Élisabeth. Comment croire qu'il ait été possible qu'une femme du caractère de cette reine, ait voulu concéder à sa rivale les moyens de faire montre des avantages mêmes qui, plus que tout le reste, avaient excité sa haine?

Ces convictions se sont enracinées dans mon esprit dès les premiers jours où j'ai étudié le personnage difficile de Marie Stuart.

Dès ma première représentation, sous le costume de la malheureuse reine j'avais mis le vêtement qui me paraissait le plus historique. Un heureux hasard a permis que je fusse en Angleterre en 1857, à l'époque où, sous le patronage de S. A. le prince Albert, époux de la reine Victoria, l'Institut archéologique de Londres faisait une grande exposition de tout ce qu'on avait pu recueillir, dans le monde, des souvenirs de la pauvre Marie Stuart.

Il y avait là, réunis, de précieux objets qui lui avaient appartenu jusqu'au dernier moment et avaient été conservés dans les anciennes familles catholiques écossaises dévouées à Marie Stuart : entre autres le rosaire qu'elle portait, en émail blanc et bleu (que pour l'effet de la scène j'avais fait entièrement en or), le voile qu'elle avait sur la tête en montant sur l'échafaud, fait d'un tissu en fil d'or et de soie blanche, entouré d'une petite dentelle blanche et avec un écusson royal à chacun des quatre coins.

Parmi les innombrables tableaux qui la représentent dans différents costumes, il y en avait un dont l'authenticité est incontestable parce qu'il a été fait peu de jours après la mort de Marie, tableau qui m'a particulièrement frappée et dont j'ai encore un vivant souvenir.

Il représente l'exécution de la pauvre reine à Fotheringay, et il est attribué au peintre Mytens.

Marie est debout, habillée d'une robe de velours noir frappé, et d'une sorte de pardessus sans manches selon la coutume de l'époque. Une fraise blanche entoure son cou. Elle porte sur la tête une coiffure de dentelle blanche de la forme indiquée plus haut, et le voile également blanc, dont j'ai déjà parlé, la couvre tout entière. Elle a au cou un petit crucifix d'ivoire, et deux petites chaînes rejoignent sur sa poitrine les deux parties de la simarre. Les changements que je fis dans la coiffure et dans le voile me furent suggérés par l'effet de la scène, pour ôter à ce costume son aspect monastique. Dans la main droite elle tient un crucifix ayant au bout une tête de mort. Elle s'appuie à une table dont le tapis reproduit la scène de son exécution. Le dessin de ce tapis représente Marie agenouillée sur l'échafaud. On lui avait ôté le corsage de sa robe et c'est probablement le corset d'étoffe de couleur damassée qu'elle portait en dessous qui a donné lieu aux descriptions fantastiques qu'on a faites de sa toilette. De la tête, qui a déjà reçu le premier coup du bourreau coule un flot de sang sur le pavé. Le bourreau est sur le point de frapper le second. Plusieurs lords et d'autres personnages assistent à l'exécution. On aperçoit dans le fond les fidèles suivantes de Marie, couvertes de vêtements de deuil. Trois inscriptions latines complètent le tableau.

La première, dans l'angle droit du haut, dit :

Reginam serenissimam regum filiam uxorem et matrem, astantibus commissariis et ministris R. Eliz. carnifex securi percutit, atque uno et altero ictu, truculenter sauciatae tertio ei caput abscendit.

La seconde est sous l'effigie qui représente l'exécution :

Maria Scotiæ Regina Angliæ et Hiberniæ vere princeps et hares legitima Jacobi magnæ Britaniæ Regis mater, quam suorum hæresi vexatam rebellione oppressam, refugii causa verbo Eliz. Reginæ et cognatæ inixam in Angliam An° 1568 descendentem 19 annos captivam perfidia detinuit : milleque calumniis senatus Anglici sententia hæresi instigante neci traditur ac 12 Calend Mart. 1587 a servili carnifice obtruncatur an° aetat. regniq. 45.

La troisième est aux pieds de Marie :

Sic funestum ascendit tabulatum Regina quondam Galliarum et Scotiæ florentissimæ, invicto sed pio animo tyrannidem exprobat et perfidiam Fidem catholicam profitetur, Romanæ Ecclesiæ semper fuisse et esse filiam plane palamq. testatur.

Mais je reprends l'analyse de mon interprétation.

Le changement apporté dans mon maintien depuis le troisième acte jusqu'au cinquième

devait être important pour le spectateur. Rien de royal ne devait plus paraître sinon la dignité. Toute trace de ce qui avait tourmenté la reine ou torturé l'existence de la victime devait disparaître; je devais manifester tous mes sentiments, donner tous mes ordres avec la douceur d'une victime qui accepte son martyre, et, en me présentant sur le seuil de mon appartement, je ne devais inspirer à mes serviteurs que de l'admiration et du respect.

Un long voile noir me couvrait de la tête aux pieds. Je serrais dans mes mains une croix et une lettre cachetée de noir qui contenait mes dernières volontés.

Je reprochais doucement à ceux qui m'entouraient leurs larmes, au moment où ils auraient dû se réjouir de me voir arriver au terme de mes souffrances et de mes afflictions.

En disant que je voyais approcher la mort comme une amie, comme un baume réparateur de mes peines, un sourire effleurait mes lèvres. On apercevait au milieu des miens mon fidèle Melvil, je considérais son retour comme une grâce céleste, parce qu'il y aurait au moins une bouche fidèle pour raconter au monde de quelle manière j'aurais cessé de vivre.

Mes derniers ordres étaient donnés avec douceur et affection. Pourtant, sentant que le courage me manquait pour continuer, et voulant faire cesser cette scène déchirante, je disais avec un mouvement résolu :

Venez tous près de moi!... Venez tous et recevez mes derniers embrassements.

Et tous se précipitaient à mes pieds.

A voir ces visages douloureux, ces bras tendus vers moi, je ne pouvais m'empêcher d'éprouver un sentiment d'admiration, et en étendant mes mains sur leurs têtes, je m'écriais :

J'ai été bien haïe, mais aussi bien aimée !

Je m'arrachais enfin de cette étreinte et, avec un adieu triste et prolongé, je prenais congé de chacun de mes fidèles.

Depuis ce moment, je n'appartenais plus à la terre : les sentiments et les passions d'ici-bas n'avaient plus aucun empire sur mon esprit. Je déplorais seulement avec douleur qu'on ne m'eût pas laissé la consolation de voir un prêtre de ma religion.

On me refuse un prêtre de mon église, et je ne veux pas recevoir le dernier sacrement des mains impures d'un faux ministre. Je meurs fidèle à la religion de mes pères ; elle seule est vraie, elle seule peut me donner le salut.

Je découvrais dans Melvil, avec un transport de joie inexprimable, celui qui devait me donner l'absolution de mes fautes et m'apporter sa bénédiction. Observant avec soin autour de moi si personne ne pouvait me surprendre, je prenais le crucifix que je tenais à ma ceinture, et je m'agenouillais devant Melvil dans le plus grand recueillement, pour commencer ma confession d'un ton sévère. Avec un accent où l'on sentait toute ma sincérité, je m'accusais d'avoir nourri une haine puissante, d'avoir conçu des pensées de vengeance et de n'avoir jamais su pardonner à celle qui m'avait tant offensée. Mais l'énergie et la spontanéité me manquaient lorsque Melvil me demandait si j'avais d'autres fautes sur le cœur et que je répondais :

Je dois confesser un autre crime, que j'ai avoué depuis longtemps, mais qui se pose en face de moi, qui me cause des terreurs toujours nouvelles et qui vient, comme un fantôme sinistre, se placer entre le ciel et moi. J'ai laissé égorger le roi mon époux, et j'ai donné ma main et mon cœur à l'homme qui m'avait séduite. J'ai expié ce crime par les plus sévères châtiments de l'Église, mais ce ver rongeur, ce remords silencieux tourmente toujours mon âme.

Ce passage de la confession, que l'auteur met dans la bouche de la malheureuse reine, je ne pouvais pas le sentir, parce que je suis intimement convaincue de la fausseté des accusations soulevées contre Marie Stuart par ses nombreux et puissants ennemis. Marie protesta de son innocence jusque sur l'échafaud; au moment de comparaître devant le juge suprême, elle ne pouvait mentir, et le fait que ses ennemis ne lui ont jamais permis de se justifier publiquement et de prouver son innocence au Parlement qui devait la juger, montre assez la fausseté de leurs assertions.

Quand Melvil, après m'avoir entendu dire que je n'avais pas d'autres fautes à me reprocher, m'accusait d'un ton sévère de lui cacher la faute grave pour laquelle j'étais condamnée, c'est-à-dire d'avoir participé à la conjuration de Porris et de Babington pour tuer Élisabeth, je retrouvais la spontanéité, le calme d'une conscience tranquille, et après une pause, je disais solennellement, le front serein :

> Je vais vivre de la vie éternelle avant une heure, je paraîtrai devant l'Éternel, et néanmoins, je vous le répète hardiment : j'ai fini ma confession !

Melvil presse alors Marie pour lui faire avouer la vérité et, de nouveau, elle proteste de son innocence en reconnaissant, toutefois, qu'elle a eu recours à tous les princes « pour être délivrée de l'injuste captivité » à laquelle l'ont condamnée ses persécuteurs.

Melvil disait :

> Vous monterez donc sur l'échafaud convaincue de votre innocence ?
> — Dieu me fasse la grâce d'effacer pour toujours par cette mort imméritée la faute grave que j'ai commise autrefois.

Au travers des larmes qui remplissaient mes yeux, je savais faire briller un tel éclat de vérité et une si ferme confiance en la justice céleste que Melvil, ému, m'absolvait avec les paroles les plus chrétiennes et terminait son invocation à Dieu, en posant sa main sur ma tête pour me bénir. A genoux, serrant dans mes mains mon crucifix, la tête haute, et sur les lèvres le sourire de la foi inébranlée, je paraissais goûter les béatitudes célestes.

Au bout de quelques instants de cette extase religieuse, Anne survenait, s'approchait respectueusement de Melvil, et à voix basse murmurait quelques mots à son oreille. Melvil, après avoir soupiré profondément, me relevait, sans que mes yeux quittassent le point lumineux que mon imagination exaltée semblait me montrer.

Il vous reste encore à soutenir une lutte terrible — reprenait tristement Melvil. — Pouvez-vous vaincre votre cœur et imposer silence aux voix de la haine et de l'indignation ?

Et d'une voix éteinte mais harmonieuse, je répondais :

Je ne crains plus rien. J'ai offert en holocauste à mon Dieu ma haine et ma colère.

Lorsqu'on m'annonçait l'arrivée de Burleigh et du comte de Leicester, qui un jour m'avait été destiné pour époux, je faisais en sorte que l'expression de mon visage ne changeât même pas et je ne revenais aux misères humaines qu'au moment où Cecil me disait :

Je viens, Madame, recevoir vos derniers ordres.

Alors, toute remplie de Dieu et avec un calme de martyre, je le remerciais, lui adressant quelques recommandations en faveur de mes fidèles serviteurs, ainsi que pour le repos de mon âme, et enfin, je le chargeais de mes derniers adieux pour la reine Élisabeth. Mais en entendant Burleigh m'adresser la question suivante :

…..Tu refuses encore le ministre de l'endroit ?

Je répondais d'une voix ferme :

Je me suis déjà réconciliée avec mon Dieu !

Et j'accentuais fortement les mots « mon Dieu, » qui devaient exprimer que ma foi avait été le guide constant de ma vie.

Comme je demandais pardon à Paulet d'avoir

été la cause involontaire de la mort de son neveu Mortimer, j'étais remuée par le cri déchirant de mes femmes. Je me retournais tout à coup. La grande porte du fond était ouverte et à la vue du bourreau, du shérif et des gardiens avec des torches allumées, la faiblesse humaine reparaissait un instant... Je chancelais... Mes yeux se fermaient... Melvil venait me soutenir avec sollicitude, prenant la croix que je laissais échapper de mes mains.

Alors, revenant à moi je disais d'un accent plaintif :

L'heure est venue : le shérif vient pour me conduire à la mort. Voici le moment de la séparation... Adieu... mon bon Melvil, et toi, ma bien-aimée, guidez mes pas.

Et appuyée sur eux je m'approchais de l'échafaud d'un pas incertain.

Bientôt mon visage se transformait, et m'adressant au ciel avec l'élan religieux le plus fervent je disais :

Maintenant je ne demande plus rien à la terre. Mon divin soutien, mon Rédempteur, ouvrez les bras comme vous les avez ouvert sur la croix, et recevez-moi.

Puis je joignais mes mains sur ma poitrine. Tout à coup, j'apercevais Leicester, et une grande émotion s'emparait de moi. Le souvenir de mon funeste et terrible passé me revenait... je chancelais et, sans avoir la force de me retenir, je tombais dans les bras du comte qui s'était approché à la hâte. En revenant à moi peu à peu je m'adressais à lui, et d'une voix presque éteinte :

Vous avez tenu votre parole, Robert !... Votre bras devait m'arracher de ce cachot, et votre bras m'entraîne hors de ces lieux.

En voyant la confusion que produisaient ces paroles dans l'esprit de Leicester, je reprenais sur un ton plein de douce résignation et de léger reproche :

Adieu! et, si vous le pouvez, vivez heureux. Vous avez osé prétendre à la main de deux reines à la fois. Vous avez méprisé un cœur bien tendre et bien aimant pour un cœur orgueilleux.

J'avais disposé le jeu de scène en sorte que le comte se montrât profondément ému de mes paroles, se tournât vers moi avec un geste suppliant; comme pour se justifier. Mais bientôt je reprenais sur un ton presque prophétique :

Allez vous prosterner aux genoux de la reine d'Angleterre, et puisse la récompense que vous obtiendrez d'elle ne pas devenir votre châtiment.

A ce moment on entendait les coups lents de la cloche et le roulement du tambour. Indigné de me voir revenir vers les choses de cette terre, Melvil, plein de ferveur chrétienne, me poussait brusquement vers le devant de la scène, afin de m'offrir l'occasion de me prosterner, pleine de repentir, et de porter à mes lèvres le crucifix de mon chapelet, tandis que lui, montrant à mes yeux la croix qu'il tenait à la main, semblait me dire : « Prépare-toi à paraître devant celui qui va te juger, purifiée par la victoire remportée sur les affections terrestres. »

Profondément émue et pénétrée de cette pensée, je me relevais, soutenue par celui qui était mon confesseur et, tenant toujours le regard fixé sur le signe de la Rédemption placé devant moi, je m'approchais lentement du fond de la scène. Arrivée sur les degrés, ayant toujours à mes côtés Melvil qui me montrait la croix, je faisais comprendre à mes femmes et à mes serviteurs que je prierais du Ciel pour eux, et j'étendais les mains pour les bénir. Et puis embrassant la croix, je leur donnais un éternel et émouvant adieu et je descendais l'escalier intérieur, suivie du bourreau et de ma fidèle nourrice.

CHAPITRE III

PREMIER VOYAGE EN FRANCE

L'âge arriva où mon cœur éprouva le besoin impérieux d'autres affections. J'avais pour les enfants, en général, une adoration particulière et je ne comprenais pas de bonheur sans famille. Le sentiment maternel était tellement inhérent à ma nature que je répugnais à jouer les rôles où il était méconnu. J'aurai, à ce propos, l'occasion de raconter comment j'avais toujours refusé de jouer le rôle de Médée dans les diverses tragédies qu'elle avait inspirées et par suite de quelles circonstances je me suis décidée à interpréter la magnifique *Médée* de Legouvé, parce que, dans cette dernière tragédie, le crime de la mère est excusé par son amour maternel même.

Malgré tout, je considérais les devoirs du mariage comme incompatibles avec mon art; cependant le sort me réservait, pour compagnon de ma vie, un homme distingué, qui, loin d'entraver ma carrière, ne cessa point de m'encourager dans mes travaux.

Après une série de chagrins que mes biographes ont souvent racontés j'épousai le marquis Giuliano Capranica Del Grillo.

Bien des circonstances pénibles nous obligèrent à vivre souvent séparés durant les premières années. J'eus le bonheur de devenir mère. Sur quatre enfants, deux me furent rappelés. Nous étions fous de douleur, mais les deux qui nous restaient, Giorgio et Bianca, étaient destinés à remplir dans nos cœurs le vide qu'y avait laissé la mort de leurs frères. — Ils grandirent sous nos yeux, et furent la cause de nos plus grandes joies.

Cependant je crus m'apercevoir que les premières saintes douceurs de l'amour maternel, en absorbant ma vie, diminuaient mon en-

thousiasme d'actrice, et je songeais à me
retirer de la scène à l'expiration de mon engagement de trois ans avec la troupe royale
sarde; d'autres motifs vinrent à l'appui de ma
résolution.

Quoique le répertoire de la troupe fût riche
et choisi, et qu'il comptât les pièces les plus
célèbres de nos auteurs: Alfieri, Goldoni, Niccolini, Monti, Pellico, Marenco, Nota, Giacometti,
Ferrari, Gherardi del Testa, Leopoldo Marenco, Fortis, Castelvecchio, et tant d'autres
encore, nous ne faisions que péniblement concurrence au théâtre lyrique. La musique jouis-
sait alors presque exclusivement de la faveur
du public. Pour le spectacle d'opéra et de ballet,
les directions, les entreprises, ne craignaient
pas d'exposer des sommes considérables. La
saison lyrique était le gros événement de la
ville, auquel on sacrifiait tout, et le pauvre art
dramatique disparaissait au second plan.

Dans les premières années de ma carrière,
l'engouement du public pour les pièces françaises était tel, qu'il suffisait, pour faire salle
comble pendant plusieurs soirées, d'annoncer

une pièce de Scribe, de Legouvé, de Melesville ou de Dumas.

Tout en rendant justice à nos auteurs nationaux, en reconnaissant le talent littéraire de leurs œuvres, la finesse de dialogue, les effets scéniques, on s'enthousiasmait de préférence pour les pièces à succès venues de Paris.

Il faut bien reconnaître qu'à cette époque le goût italien était faussé; cette décadence momentanée de notre théâtre pouvait être attribuée en grande partie aux entraves redoutables de la censure autrichienne et pontificale. Les sujets patriotiques étaient absolument défendus, la morale défigurée et comprise d'une manière fantaisiste. Les pièces, revues et corrigées, devenaient un amas de contre-sens et perdaient souvent tout intérêt. La censure ecclésiastique imposait aux œuvres qui lui étaient soumises des changements parfois grotesques.

Il n'était pas permis de prononcer les mots de *Dieu, ange, diable*. On ne pouvait donner à un acteur dans son rôle le nom de *Pie, Jean, Grégoire, Innocent*, par cela seul que certains papes les avaient portés. Le mot *Patrie* était considéré comme un blasphème. — Un jour, on apporte au censeur un drame dans lequel le premier rôle était celui d'un muet : au quatrième acte il était indiqué, sur le livret, que l'acteur devait faire comprendre, par ses gestes la joie qu'il éprouvait à revoir *sa patrie*. On effaça sur le manuscrit le mot *patrie* en lui substituant le mot *pays*, comme si les gestes pouvaient indiquer la nuance. Une autre fois, à Rome, on représentait *Macbeth*. Une des trois sorcières dit, dans la seconde scène du premier acte : « Voici le doigt d'un nautonier qui périt dans un naufrage. » La censure effaça toute cette phrase.

— Pourquoi? lui demanda le directeur de la troupe. — Mais ne voyez-vous pas, lui fut-il répondu, que le public y verra une allusion à la barque *de saint Pierre*, qui, par la perversité des temps, menace de sombrer?

Les libretti d'opéras n'étaient pas plus respectés que les manuscrits dramatiques. Le *tout Rome* d'alors s'est amusé d'une mutilation qu'on fit subir à une phrase musicale d'une romance très populaire de *Louisa Miller* de Verdi qui renfermait les vers suivants :

(Elle disait d'une voix angélique, je n'aime que toi.)
Ed ella, in suono angelico. Amo te sol diceu.

Angélique excita la susceptibilité du censeur qui lui substitua le mot d'*harmonique*, ce qui, après avoir provoqué des éclats de rire au théâtre, produisit le lendemain une gaîté folle dans la rue de *Porta Angelica*, où le tableau indicateur ayant subi la même mutilation de la part d'un mauvais plaisant, portait écrit, jusqu'à l'arrivée de la police : *Via di Porta Armonica*. La *Norma*, de Bellini, ne fut pas épargnée davantage ; le nom du célèbre opéra pouvant rappeler le titre de certains livres de dévotion, fut remplacé par celui de *la Foresta d'Irminsul*. Pour éviter qu'une prêtresse pût être trouvée en faute, les deux fils de Norma devenaient ses deux frères cadets, et la condamnation au bûcher fut motivée par une trahison supposée de la prêtresse, livrant le camp gaulois aux Romains.

En présence de pareilles inepties, le bon sens

était découragé, et les auteurs reculaient devant la menace des ciseaux officiels. A Vérone, on se souvient encore d'un certain censeur impérial qui, dans une poésie qu'on devait déclamer, avait voulu remplacer les mots *Beau ciel d'Italie* par ceux de *Beau ciel lombard-vénitien.*

Le théâtre italien pouvait-il prospérer dans un pareil état de choses? Pour ma part je me sentais comme paralysée sous ce joug insupportable qui imposait les gestes et retranchait les paroles. Il ne me suffisait pas de constater tous les jours l'affection sincère du public à mon égard. Je m'étais complètement identifiée avec mes personnages, et je me sentais si heureuse de vivre de la vie de l'œuvre représentée par moi que je ne pouvais supporter sans douleur le refroidissement produit dans la salle par les coupures, les mutilations ou les substitutions insensées qui m'étaient imposées. On avait beau m'applaudir, je souffrais pour l'auteur et je me sentais envahir par une profonde tristesse.

Ces coups d'épingle constamment répétés m'avaient blessée assez cruellement pour me décider subitement quitter la scène après mon engagement de Turin.

Ma décision prise de me retirer du théâtre, j'allais réaliser ce beau rêve et me consacrer à la vie de famille. Une pensée pourtant me préoccupait : celle de faire conquérir à notre art italien sa place à l'étranger, en prouvant que, sur le terrain dramatique, l'Italie n'était point encore la terre des morts. Mais comment réaliser ce beau projet? L'idée me vint, comme un éclair, d'aborder la scène française en allant à Paris! Malheureusement, une expérience faite au printemps de l'année 1830 par la troupe dirigée par les célèbres acteurs Carolina Internari et Luigi Taddei, n'était pas encourageante. Je pouvais, il est vrai, attribuer l'insuccès de leur entreprise aux événements qui se produisirent en juillet et à la disparition de la duchesse de Berry, qui avait été la protectrice de nos compatriotes. La pauvre troupe italienne, réduite aux expédients, ne dut qu'à une représentation donnée à son bénéfice de pouvoir payer ses dettes et se rapatrier.

Au contraire, en 1855 les circonstances semblaient devoir nous favoriser. La France était florissante; l'Exposition universelle attirait à Paris l'Europe entière. Les Italiens malheureux et exilés y avaient trouvé un sympathique accueil, et faisaient, pour la plupart, honneur à notre pays. On admirait les Vénitiens qui se groupaient autour du grand Daniel Manin, et on était tout cœur, alors, pour les Romains et les Napolitains chassés de leur pays. Tout pouvait faire présager un succès.

J'avais communiqué mon projet à mon mari et son appréciation m'encourageait. Nous considérions que la troupe royale sarde représentait dignement l'art italien. Elle avait comme principaux sujets le célèbre Ernesto Rossi, Gaetano Gattinelli, Belloti-Bon, la Cattini-Mancini, la Righetti, Boccomini, Glech et bien d'autres.

Je n'avais aucunement l'intention de rivaliser avec les acteurs français dont la perfection dans la comédie n'aurait pu être égalée. Mais je désirais vivement prouver à nos détracteurs italiens que si nous ne pouvions, dans une certaine mesure, lutter avec les Français sur le terrain de la comédie nous pouvions les égaler tout au moins dans le drame et dans la tragédie. Nous avions résolu de communiquer notre intention à notre excellent ami le commandeur Alexandre Malvano, dans le jugement duquel nous avions pleine confiance. Il nous approuva entièrement, ce qui nous décida à faire part de l'idée à M. Righetti, notre directeur.

Celui-ci demeura comme pétrifié devant notre proposition, il qualifia de chimérique notre rêve audacieux et finit par s'opposer absolument à notre projet, en nous faisant entrevoir notre insuccès et en nous prédisant une ruine certaine. L'héroïque Malvano intervint et déclara qu'il était si sûr de la réussite qu'il était prêt à endosser toute la responsabilité. « Partez, dit-il au directeur, s'il y a des pertes, je les prends à ma charge. »

En outre de mes appointements j'avais, par mon contrat, une part sur les bénéfices. Pour vaincre les dernières hésitations de M. Righetti, je lui proposai, en cas d'insuccès, de partager les pertes avec lui. C'est ainsi que tout fut arrangé, et le départ fixé aux premiers jours de mai. Au moment de cette discussion, mon engagement avait encore plusieurs mois à courir.

Il est d'habitude en Italie de faire partir les engagements du premier jour de carême, pour finir la saison le jour des Cendres. Les démarches nécessaires pour obtenir un théâtre à Paris furent entreprises; on fixa le 22 mai pour la première représentation, et l'on se mit à préparer le répertoire. Notre premier soin fut de choisir des pièces qui ne pussent pas donner lieu à une comparaison avec les acteurs français. Nous savions que la tragédie était le champ de bataille où nous pouvions nous mesurer avec eux, et nous ne redoutions pas le parallèle dans le drame. Pour la première représentation, nous fîmes choix de la tragédie *romantique* de Silvio Pellico *Francesca da Rimini*, et d'une petite comédie en un acte : *I Gelosi fortunati;* « les Jaloux heureux », par un auteur romain très connu, du nom de Giraud. Je jouais aussi, dans cette dernière pièce, le rôle d'une jeune femme très éprise et très jalouse de son mari. Cette transition du comique au tragique dans la même soirée nous paraissait devoir exciter la curiosité du public français.

Avant de partir, je m'étais pourvue de plusieurs lettres d'introduction, entre autres j'en avais une pour le célèbre critique Jules Janin, et pour Pier-Angelo Fiorentino, qui s'employa beaucoup, par la suite, à la réussite de notre entreprise.

Au commencement de mai. Nous partîmes le cœur plein d'espérance. Le voyage s'accomplit gaiement. Nous faisions cette pittoresque route du Mont-Cenis pour la première fois, et notre enthousiasme croissait tous les jours. Une petite bande d'amis s'était jointe à nous : pleins d'ardeur pour l'art dramatique et liés, de père en fils, avec les artistes de la troupe royale, ils avaient voulu partager avec nous les angoisses et les joies de cette tentative audacieuse. Nous arrivâmes à Paris le soir ; mon appartement avait été retenu d'avance. Il était situé dans la rue Richelieu, près de la fontaine Molière, au deuxième étage du n° 36. Chaque fois qu'il m'est arrivé, depuis, de passer devant cette maison, j'ai senti se réveiller en moi mes plus chers souvenirs.

La troupe se répartit dans de modestes hôtels près du Théâtre-Italien.

A peine débarqués nous allâmes avec nos amis faire connaissance avec les boulevards qu'on nous avait tant vantés. Nous prîmes place à une table devant le café Véron, et le spectacle, si nouveau pour nous, de cette entraînante fantasmagorie des boulevards excita au plus haut point notre intérêt.

Je ne saurais rendre l'impression mélangée d'étonnement, d'admiration et d'épouvante, que j'éprouvai au milieu de cette foule où pas un seul mot d'italien ne parvenait à mon oreille. Tout d'un coup, j'entrevis avec terreur la témérité de mon entreprise. L'espoir d'être appréciée, moi inconnue, par ce public étranger à la réputation que je pouvais avoir acquise de l'autre côté des Alpes, me parut décidément absurde. Mon imagination s'exalta, un indicible découragement s'empara de moi, et je rentrai au logis en proie à une profonde tristesse. Les jours suivants je fus un peu distraite par les préparatifs de notre première représentation, et réconfortée par la confiance qu'accordaient à notre succès les nombreux exilés italiens accourus près de nous. Hélas! le plus grand nombre d'entre eux ne liront point ces souvenirs : Montanelli, Musolino, Manin, Carini, Dall'Ongaro, Ballanti, Federici, Toffoli, D' Maestri, Sirtori, le général Galletti, Fiorentino, et tant d'autres, ne sont plus. Que le lecteur français me permette ici de donner à leur mémoire un pieux souvenir.

On concevra aisément l'impatience où nous étions, nos jeunes amis et nous, d'entendre, pour la première fois, la grande tragédienne, Mlle Rachel, dont la renommée s'était imposée au monde entier. A notre grand regret on nous apprit que l'admirable tragédienne venait de quitter le Théâtre-Français pour entreprendre une tournée aux États-Unis, et que cet engagement avait excité dans le public parisien un très vif mouvement de dépit.

Je me souviens, à ce propos, que quelque temps après, lorsque Rachel fut de retour de la campagne, mon premier mouvement fut de lui écrire : M. et Mme Janin, qui étaient devenus de mes amis, m'en dissuadèrent en me promettant qu'un dîner nous réunirait. Comme je persistais cependant : « Prenez garde, me dit Jules Janin, qu'en demandant à Rachel un rendez-vous avant de lui avoir été présentée elle ne prenne ombrage de votre empressement, malgré toutes les formes que vous pourrez y mettre, et ne vous accuse de vouloir traiter avec elle de puissance à puissance; c'est risquer peut-être qu'elle ne prenne votre demande comme une critique de son peu d'empressement à venir au-devant de vous, et à vous souhaiter la bienvenue. »

J'avoue que toutes ces raisons, quelque bonnes qu'elles fussent, ne me seraient jamais venues à l'esprit et j'ai toujours regretté de n'avoir point suivi mon premier mouvement.

Quoi qu'il en soit, la Comédie-Française restait le *desideratum* de tout étranger visitant Paris. Nous n'avions pas de temps à perdre pour nous accorder le grand plaisir d'une soirée dans la maison de Molière, puisque nos représentations devaient commencer le 22 mai et que nous étions au 17. Ce jour-là, l'affiche annonçait une représentation d'Augustine Brohan dans le *Caprice*, un de ses rôles favoris. Quoique très occupés de nos préparatifs de mise en scène, nous eûmes le désir d'y assister sans avoir eu le temps de prendre nos billets d'avance.

Naïvement, nous nous présentons au bureau, quelques instants avant le lever du rideau, et nous demandons une loge. « Une loge! s'écria l'employé, en nous regardant curieusement, une loge pour ce soir? Vous n'êtes pas pressés; pourquoi n'êtes-vous pas venus huit jours plus tard ? »

Cependant notre air consterné lui fit pitié, sans doute, *et il nous offrit généreusement* des billets pour *le paradis*. Mon mari hésitait, nos jeunes amis, avec leur entrain habituel, voulaient passer outre. J'avoue que j'étais, pour mon compte, peu flattée de faire une pareille entrée dans la maison de Molière ; mais c'était à prendre ou à laisser. Nous délibérâmes un instant, nous fîmes en riant l'ascension des cinq étages pour nous installer triomphalement... au paradis. Des hauteurs où nous nous trouvions, nous avons applaudi sans gêne, avec enthousiasme, ces acteurs modèles dont le naturel exquis et la grâce charmante excitèrent notre admiration. La finesse du jeu de Mlle Brohan nous fit à tous un très vif plaisir et j'en rapportai une impression ineffaçable.

Notre première représentation eut lieu à la date fixée, avec le spectacle que nous avons énuméré plus haut, et l'accueil que nous fit le public parisien fut encourageant. Les critiques furent toutes bienveillantes et nous eûmes l'approbation de la plupart des grands journaux.

La fameuse scène du 3e acte, où Paolo et Francesca s'avouent mutuellement leur amour, fut très applaudie; celle de la mort de Francesca, quoique ne prêtant pas au développement de grands moyens de la part de l'artiste, produisit une vive impression et me valut l'honneur d'un article de la part du grand Alexandre Dumas, de Théophile Gautier, de

Fiorentino; Jules Janin, Jules Prémaray, Léon Gozlan, Paul de Saint-Victor et Busoni nous furent favorables.

Parmi les fervents admirateurs de Rachel, quelques-uns, tout en reconnaissant que je possédais plus qu'elle la corde tendre, me refusèrent, d'emblée, et dès la première audition, la puissance tragique, la vigueur dans l'expression des passions violentes où excellait Rachel, la noblesse du port, l'allure classique. J'aurais peut-être courbé la tête sous ces critiques en me résignant à croire que la nature ne m'avait point dotée des qualités que précisément la sympathique indulgence et l'affectueux intérêt de mes compatriotes se plaisaient à reconnaître en moi; mais la sentence était, je le savais, prononcée *ab irato* et je ne me décourageai pas. Comment, en effet, pouvait-on s'attendre de ma part à des effets de force, de grandes passions dans le personnage de Francesca à la fois si doux et si entièrement pathétique? Aussi, chaque fois que l'occasion s'en présentait je ne manquais pas de dire à mes amis les critiques que je n'avais pas eu, en venant à Paris, la présomption de vouloir engager une lutte avec leur sublime artiste, et que mon but était à la fois plus modeste et plus généreux. Je leur montrais, avant tout, mon désir de prouver aux Français que l'art dramatique, autrefois notre gloire, avait encore ses autels et ses interprètes en Italie ; que, quant à moi, j'étais prête à subir toute leur sévérité, à la condition qu'on attendît, pour juger de mes forces, de m'avoir permis de les produire, et que s'ils insistaient pour faire une comparaison dont je les aurais dispensés, je leur demandais de suspendre leur jugement jusqu'au jour où ils auraient pu émettre un avis motivé après m'avoir vu dans un grand rôle, *Myrrha* par exemple, qui, pouvant être placée en regard de *Phèdre*, aurait pu offrir un terrain de comparaison.

Nous donnâmes ensuite *Un curieux accident* et la *Locandiera* de notre immortel Goldoni. Cette comédie fut bien accueillie quoique le genre comique se comprenne bien difficilement dans une langue étrangère. Nous mîmes alors *Myrrha*, d'Alfieri, à la scène, et quoique nous n'eussions pas eu le temps de faire la moindre publicité, nous jouâmes devant une salle bien remplie, et avec une critique au grand complet [1].

Cette tragédie, d'un style italien à la fois pur et simple, d'une forme grecque distinguée, avait été pour moi l'objet d'une étude psychologique approfondie et j'y trouvais l'occasion de montrer combien notre école sait joindre à la plastique grecque la spontanéité du style, et se détacher entièrement du conventionnel académique. Non pas d'ailleurs que les règles établies n'aient leur justesse et leur mérite ; mais nous n'admettons pas que, dans la fougue de la passion, les gestes puissent subir aucune entrave. Pourvu qu'ils restent nobles et toujours en rapport avec les sentiments exprimés, ils doivent être laissés à l'inspiration de l'acteur.

Un des modèles vivants de l'école réaliste est encore aujourd'hui la gloire de l'art italien. Tomaso Salvini, que j'ai eu l'heureuse fortune

---

[1]. L'étude de la tragédie de *Myrrha* trouvera place plus loin, au cours de ces Mémoires.

d'avoir, pendant de longues années, sur la
scène à mes côtés, est admiré, surtout et avant
tout, parce que son rare talent dramatique est
affranchi de toute convention. Aucune école
n'aurait pu lui donner la richesse et l'ampleur
qui sont chez lui des dons de la nature. Il est,
selon moi, le type le plus complet de l'inspiration italienne.

Le succès de Myrrha dépassa notre attente.
A l'entr'acte, notre foyer des acteurs fut envahi par les sommités des lettres et des arts.
Alexandre Dumas baisait mes mains et les
pans de mon peplum. J. Janin, Legouvé,
H. Martin, Théophile Gautier, Édouard Plou-
vier et beaucoup d'auteurs dramatiques, mê-
laient leur enthousiasme à celui de mes compatriotes qui était à son comble. Cette soirée
mémorable reste un de mes plus doux souvenirs. Au cinquième acte, dans la fameuse scène
entre Myrrha et son père Ciniro, que le célèbre Ernesto Rossi disait avec un talent merveilleux, le public ne cessait d'applaudir. Nous
avions ramené à nous ceux-là mêmes qui

m'avaient montré quelque froideur après *Francesca da Rimini.*

Notre troupe renfermant plusieurs artistes de grand mérite, il fallait donner leur tour à ceux de mes camarades qui avaient le droit de se produire dans leurs grands rôles. Le 31 mai on joua le *Bourru bienfaisant*, de Goldoni, et *Niente di male*, de F. A. Bon; le 2 juin, la *Joueuse de harpe*, de David Chiossone, et *Mon cousin*, de Angelo Brofferio.

Le jour où nous donnions le *Bourru bienfaisant*, j'appris avec surprise que Rachel, de retour de la campagne, avait une loge pour la soirée. J'en fus très contrariée. Je remplissais dans cette pièce, afin de rendre service à un de nos meilleurs artistes, Gattinelli, un rôle qui n'était pas fait pour moi. Si la grande tragédienne était venue pour apprécier le mérite des éloges que la presse m'avait décernés, le choix de la soirée était malheureux.

Le lendemain, je courus immédiatement chez mes amis Janin, auxquels j'exprimai ma contrariété à ce sujet. Ils me tranquillisèrent en me disant que si j'envoyais une loge à Rachel pour la première représentation où je jouerais un rôle important, elle ne manquerait pas d'y venir; qu'en tout cas, ils tâcheraient de la voir au plus tôt, afin d'organiser le dîner qui devait nous réunir.

En attendant nous n'étions pas trop satisfaits des résultats pécuniaires de notre entreprise; aussi mon directeur Righetti ne m'épargnait-il pas les plaintes et les reproches, me rendant responsable de ses pertes d'argent.

Nous n'étions préoccupés que de trouver le moyen de réparer cette espèce de défaite. Nos amis nous tranquillisaient, en affirmant que nous étions sûrs de ramener le public en reprenant *Myrrha*, et, dès le mardi 5 juin, la pièce fut reprise. La salle était comble, le succès surpassa toute attente. Depuis ce jour on ne nous demandait plus que *Myrrha*. Notre réussite était assurée, la pièce fut donnée sans interruption jusqu'à la mise en scène de *Marie Stuart*.

La presse, à l'unanimité, fut entraînée par

l'enthousiasme général. On ne fit plus de comparaisons. On commença même à émettre des jugements peu favorables à Rachel, qu'on accusait de s'être montrée ingrate envers ce public qui, dans son adoration, avait proclamée *muse* l'enfant gâtée de la France.

Quant à moi, je ne pouvais être juge du bien fondé de ces accusations, mais elles suffisaient à rendre difficile, de ma part, une invitation qu'elle aurait pu interpréter comme un désir de la faire assister à mon triomphe. Mon abstention fut approuvée par tous mes amis, tandis que ceux de Rachel commençaient à s'alarmer de la concurrence que je pouvais lui faire; et cependant nos manières, nos talents, étaient si différents que nous n'étions pas faites pour nous nuire. J'eus l'occasion de le constater lors du retour inespéré de Rachel aux Français, où je pus assister à une représentation des *Horaces*. M. Arsène Houssaye, administrateur général, m'avait gracieusement envoyé une loge de face au nom de la Comédie-Française, pour cette rentrée solennelle motivée par l'anniversaire du grand Corneille.

Dès l'apparition de Rachel je compris la puissance de la fascination qu'elle exerçait sur le public. On se serait cru en présence d'une statue romaine. Son port majestueux, sa démarche toute royale, étaient étudiés avec un art admirable. La critique aurait pu peut-être lui reprocher l'immobilité qu'elle maintenait aux plis de ses vêtements ; mais, en ma qualité de femme, j'avais bien vite compris l'habileté vraiment merveilleuse qu'elle mettait à dissimuler ainsi son extrême maigreur. Avec quelle surprenante agilité elle modulait les sons de son adorable voix ! Quelle force elle savait donner à ses *imprécations*, lorsque la fureur, qui lui remplissait le cœur, s'exhalait de ses lèvres frémissantes et faisait trembler la salle entière. Je n'écoutais, je ne voyais qu'elle, et j'applaudissais avec frénésie, tandis que mes yeux ne pouvaient se détacher de cette noble apparition.

J'avais ratifié, sans hésiter, d'enthousiasme, le jugement porté par l'Europe entière sur les qualités éminentes qui ont valu à Rachel sa renommée glorieuse. Elle n'avait pas seulement le génie de la scène, l'élan, la mobilité des traits, la variété et la noblesse des poses : elle savait s'incarner dans son personnage et s'y maintenait du commencement à la fin de la pièce, sans négliger aucun détail, rendant magistralement tous ses grands effets et, scrupuleusement, les plus inaperçus.

Or, c'est en remplissant toutes ces exigences et à cette seule condition qu'on peut être proclamée grande artiste.

Dès cette mémorable soirée, j'avais compris combien ceux-là d'entre les critiques avaient raison, qui prétendaient qu'aucune comparaison entre Rachel et moi n'était admissible.

Elle pouvait enthousiasmer par ses transports quoiqu'ils fussent académiques, tant sa diction était belle et ses attitudes sculpturales. Dans les situations les plus passionnées, ses mouvements étaient réglés par la tradition. Ainsi que j'ai dit plus haut, pas un pli de son manteau admirablement adapté à sa personne, pas un de ses cheveux n'était dérangé même au paroxysme de la joie ou de la douleur. Cette constante possession d'elle-même n'empêchait ni sa voix ni son regard de produire d'irrésistibles effets.

Ce qui me désola ce fut d'apprendre, par nos amis, que toutes leurs tentatives pour nous mettre en présence avaient échoué devant le parti pris des adorateurs de Rachel de nous tenir éloignées l'une de l'autre.

Malheureusement on trouve toujours des zélés prêts à envenimer des situations. On se plut à faire croire à Rachel que je parlais d'elle avec animosité, et, d'un autre côté, on vint me dire que dans des accès de jalousie, elle tenait des propos malveillants sur mon compte. On me raconta même que désirant beaucoup assister à une représentation de *Myrrha*, elle s'y était rendue sous un déguisement afin qu'on ne s'aperçût pas de sa présence, qu'elle était restée cachée au fond d'une baignoire, et qu'enfin après le IV° acte, tandis que le public éclatait en applaudissements, elle avait déchiré le libretto qu'elle tenait dans ses mains, en s'écriant : « Cette femme me fait mal. Je n'en peux plus! » Les exhortations du personnage distingué qui l'accompagnait n'avaient pas réussi, me disait-on, à la retenir, et elle avait quitté le théâtre en proie à une indicible colère. Je ne crus pas à cette histoire, et j'aurais voulu pouvoir insinuer aux amis de la grande artiste le moyen de la calmer en lui montrant que son immense talent la mettait au-dessus des fluctuations, motivées ou non, de l'opinion publique, et que, malgré la réalité de mon succès, rien ne pouvait être enlevé à la puissance de son génie.

Mes représentations continuaient avec une constante progression de la faveur du public. La salve d'applaudissements qui m'accueillait à mon entrée ne me touchait pas autant que le profond silence qui se faisait dans toute la salle dès mes premières paroles. Cette attention presque religieuse me pénétrait l'âme. Je me sentais comme transfigurée par ce culte d'un public capable d'apprécier la puissance de l'art, et j'étais envahie d'un sublime orgueil en constatant que je réussissais, dans ma langue étrangère, à faire battre tous ces cœurs français à l'unisson du mien. Je sentais comme des germes nouveaux se développer en moi et, sous l'inspiration du moment, je trouvais des effets auxquels je n'avais jamais songé et qui étaient à la fois plus vrais et plus entraînants.

Marie Stuart de Schiller, traduite merveilleusement en vers italiens par Andrea Maffei, acheva de consacrer mon succès à Paris. J'alternais, dans ma série de représentations, celles de *Marie Stuart* avec celles de l'émouvante tragédie de Marenco, *Pia de Tolomei*. Je dois avouer que le succès ne fut pas aussi éclatant pour cette dernière pièce que pour les précédentes, malgré la vive émotion que le long martyre de la belle Siennoise provoquait chaque soir dans l'auditoire.

Quant aux critiques du feuilleton théâtral, ils s'appesantirent sur l'intérêt inspiré par la mise en scène des sublimes vers de la Divine Comédie :

> Ricorditi di me che son la Pia,
> Siena mi fé, disfecemi Maremma
> Salsi colui che inanellata pria
> Disposando m'avea con la sua gemma.

Pour les hommes de lettres qui signalaient

certains défauts dans la pièce, c'étaient le Dante et la tyrannie du moyen âge au théâtre qui faisaient l'objet de leurs dissertations et de leur admiration. Tous rendaient justice à l'immense talent que Marenco avait apporté dans son œuvre, particulièrement dans le V° acte, en exprimant la passion tendre et les souffrances de l'héroïne.

Ce V° acte avait nécessité de ma part des études toutes particulières ; je voulais rendre fidèlement les affres de la mort, reproduire les dernières luttes de cette jeunesse ensevelie par l'ordre d'un mari injustement cruel dans les plaines pestiférées des Maremmes. Comment exprimer à la scène, avec une entière vérité, ce lugubre tableau d'une agonie, sans agir d'imagination! Une circonstance extraordinaire me tira d'embarras. J'assistai, par hasard, aux derniers moments d'une malheureuse qui succombait à la fièvre. Malgré moi, cette scène de désolation me resta gravée dans la mémoire, et je rendis fidèlement ce que j'avais vu, en subissant, à chaque représentation, l'impression de ce navrant souvenir.

Nous avions décidément conquis pour le drame italien le droit de cité à Paris.

Les partisans de Rachel ne pouvaient en prendre leur parti; les attaques contre moi continuaient de plus belle, et ce fut à mon grand étonnement que je reçus un jour de leur part une invitation pour un banquet nocturne, où je devais enfin rencontrer la grande artiste dans la maison d'un homme de lettres. Mon mari, après avoir pris connaissance de la liste des convives, ne crut pas devoir m'autoriser à accepter le rendez-vous ainsi donné, et il fallut trouver un prétexte pour nous faire excuser.

Le temps se passait et je ne songeais plus à la possibilité d'une rencontre avec Rachel lorsqu'une après-midi on m'annonça Mme Ode, la célèbre modiste de l'impératrice Eugénie. Comme je me servais chez elle, je pensais qu'elle venait me parler toilette.

— Pardonnez-moi, Madame, me dit-elle en entrant; mais je viens remplir auprès de vous une mission diplomatique de la part de Mlle Rachel.

— De Rachel! m'écriai-je étonnée.

— Oui, Madame, et j'espère que vous me la faciliterez. Et comme je paraissais de plus en plus surprise, elle entra immédiatement en matière.

— Vous avez su, reprit Mme Ode, combien Mlle Rachel a ressenti péniblement les attaques dont elle vient d'être l'objet, et auxquelles vous avez servi de prétexte. Vous ignorez peut-être qu'on a cherché à l'aigrir contre vous, en lui rapportant que vous ne parliez pas d'elle avec la considération à laquelle elle croit avoir droit.

— Jamais, répondis-je vivement, et j'espérais que Mlle Rachel n'aurait pas plus prêté l'oreille à ces bavardages que je ne l'ai fait pour tout ce qu'on a pu me dire de ses jugements peu bienveillants à mon égard. J'ai été l'entendre dans les *Horaces* et j'ai exprimé depuis l'enthousiasme qu'elle m'avait inspiré. J'ai chargé des amis, de toute confiance, de lui manifester mon admiration et mon grand désir de me rapprocher d'elle; mais toutes les tentatives qu'ils ont faites pour nous réunir dans un milieu sympathique, sont restées infructueuses.

— Et si je vous disais, Madame, que Mlle Rachel m'a manifesté le désir de vous voir ?

— Qu'elle vienne, m'écriai-je : elle n'aura pas à se plaindre de mon accueil.

Mais comme Mme Ode ne paraissait pas accepter mon ouverture avec empressement, et semblait m'indiquer que c'était à moi à faire les premiers pas, je crus devoir lui dire :

— Je ne pense pas devoir renouveler les démarches dont j'ai chargé mes amis, à mon arrivée à Paris, alors que je désirais ardemment obtenir son appui en vue de la campagne si périlleuse que j'allais entreprendre. Il est bien tard maintenant.

— Mais si Mlle Rachel vous envoyait une loge pour l'entendre ?

— J'accepterais avec bonheur, m'empressé-je de dire ; et je sacrifierais toute autre invitation pour répondre à la sienne.

Le jour suivant, en effet, je recevais un coupon de loge pour les Français avec ces mots d'envoi : « A Mme Ristori sa camarade Rachel. » J'ai conservé précieusement cet autographe.

On donnait *Phèdre*. — J'étais dans ma loge bien avant le lever du rideau, et l'on comprendra l'émotion avec laquelle j'attendais la grande artiste dans ce rôle, dont j'avais fait moi-même l'objet de mes plus sérieuses études. — Dans la salle on m'avait reconnue, et je voyais bien que le public se préoccupait de mes impressions. Je n'en restai pas moins indépendante pour la manifestation de mes sentiments en présence de Rachel.

Dès sa première entrée sa pose, si magnifique de noblesse et de sentiment m'avait ravie, mais la prostration à laquelle elle s'abandonnait me parut exagérée, d'autant plus qu'elle négligeait de la nuancer de façon à faire pressentir qu'elle était prête à s'en relever dès que la cause morale aurait cessé. Elle avait l'air plutôt d'une malade que d'une femme écrasée par la douleur. Je la trouvai à la fois grande et magistrale dans la scène du IIe acte avec Hippolyte... mais là, contrairement à ses habitudes, elle exagérait peut-être certains emportements d'un réalisme ~~trop~~ expressif. — Dans le IVe acte, elle était absolument sublime, et l'admiration, l'émotion irrésistible qu'elle excita en moi, me firent regretter d'en être réduite à de simples applaudissements pour exprimer mon enthousiasme. Le rideau baissé, je traçai à la hâte sur une de mes cartes, avec tout mon cœur d'artiste qui débordait, quelques mots que je fis porter à Rachel dans sa loge. — L'envoi de cette carte fut le dernier acte de mes relations avec elle [1].

A la fin de mon séjour à Paris je reçus plusieurs propositions pressantes de me consacrer exclusivement à la scène française; mais aucune puissance n'aurait pu me faire renoncer à ma carrière italienne. J'opposai un refus constant à ces offres, alléguant comme prétexte la difficulté d'acquérir la pureté de la langue et la perfection de l'accent. Ce fut alors que M. Fould insista au nom de l'empereur, en m'offrant de passer une année en France aux frais de l'État pour vaincre ces difficultés sous la direction de professeurs distingués, et pren-

[1]. Voir plus loin l'étude sur Phèdre où Mme Ristori explique comment elle a compris l'interprétation de ce rôle.

dre ensuite la place que le départ Rachel aurait
laissée vacante à la Comédie-Française. Je persistai dans mon refus tout en remerciant le
ministre du grand honneur qu'on voulait me
faire et j'ajoutai que, dans ma conviction, la
grande actrice reviendrait sur sa décision et
ne pourrait pas plus se passer de son public,
que celui-ci ne pourrait se résoudre à ne plus
l'applaudir. Ma réponse négative n'indisposa
pas M. Fould puisqu'il accéda gracieusement
à la demande que je lui fis de m'accorder, pour
trois années consécutives, la salle Ventadour,
afin d'y donner des séries de représentations
de drame italien.

J'eus ainsi la satisfaction non seulement
d'avoir réussi à faire apprécier notre art dans
la grande capitale, mais encore d'avoir ouvert la
route à la nombreuse famille des artistes italiens, à travers l'Europe et l'Amérique, où ils
firent, sur tant de scènes, honneur à notre pays.

C'est avec un profond regret que je dus
quitter Paris où j'avais eu le bonheur d'approcher un grand nombre de personnes distinguées, et de trouver des sympathies dans le

milieu le plus élevé des arts et des lettres. J'emportai un souvenir délicieux de mes relations avec Lamartine, George Sand, Mignet, Henri Martin, Ary Scheffer, Janin, Legouvé, Scribe, Théophile Gautier, Régnier, Samson, Mlle Georges, Mme Allan, Mlles Augustine et Madeleine Brohan et tant d'autres, qu'il serait trop long de rappeler ici. Quels rapports charmants, quelles fréquentations à la fois intéressantes et amusantes ! Il fallait dire adieu à tout cela. Prendre congé de cet excellent Dumas qui venait pour ainsi dire nous porter journellement le tribut de sa gaieté, de son entrain inépuisables. Que d'heures ravissantes nous avons passées sous le feu roulant de ses anecdotes ! Je l'entends encore, ce cher grand homme, nous raconter que, dans les premiers temps de sa ferveur pour moi, un soir, en sortant de la représentation de *Myrrha*, il arpentait le passage Choiseul lorsqu'il rencontra son grand ami N... qui n'avait point encore photographié le monde.

— Eh bien ! qu'en penses-tu ? avait-il dit au géant.

— De quoi?

— De la Ristori, parbleu! Tu n'en sors pas?

— Je ne l'ai jamais entendue.

— Et tu n'es pas honteux, et tu vis?

Et là-dessus, ayant écrasé l'ami sous l'avalanche de son enthousiasme, il l'avait quitté brusquement en lui disant : « Je ne te reverrai pas que tu ne l'aies entendue! » A quelques jours de là, nouvelle rencontre des deux amis.

Cette fois c'était un coin de la rue de Berlin. Dumas toujours plein de la même pensée :

— Eh bien! dans quelle pièce?

N... qui pensait probablement à celles qui lui manquaient :

— On n'a pas toujours six francs dans sa poche, et je ne suis pas encore tombé à l'état de claqueur.

— Veux-tu six francs? Les voici. Tu claqueras en liberté.

Et comme l'autre s'était enfui indigné, Dumas avait déposé la somme sur une borne et tourné le coin de la rue en criant: « Si tu n'en veux pas, ce sera pour le premier pauvre venu! »

Mais quelques secondes après, les amis se

retrouvaient devant la borne, ayant fait, sans doute, la même réflexion en mettant la main dans leur poche. Ont-ils dû rire en se rencontrant! — Dumas riait encore de sa bonne voix en racontant cette aventure qu'il promettait d'écrire plus tard sous le titre des *Deux millionnaires*.

Je termine sur cette note gaie, en compagnie du plus joyeux des Français, le récit de notre premier séjour en France. Je m'en allais bien triste, mais triomphante, après avoir reçu à Paris ce que j'oserais appeler le baptême mondial. Les Français m'avaient prouvé qu'il n'y a point pour eux de frontières sur le terrain de l'art. Je leur garderai toujours dans mon cœur un sentiment de profonde reconnaissance pour l'accueil si généreusement accordé à l'étrangère.

Je vais donner ici trois études sur trois pièces que j'ai jouées en France et qui m'ont laissé les plus vifs souvenirs tant par l'accueil que j'y reçus du public français que par l'intérêt artistique que l'actrice, en moi, y a trouvé.

CHAPITRE IV

ÉTUDE DU ROLE DE MYRRHA [1]

Ceux qui sont familiers avec les œuvres dramatiques de nos grands auteurs comprendront facilement que, de toutes les tragédies d'Alfieri, *Myrrha* est celle dont le sujet est le plus extraordinaire et le plus difficile à traiter.

En effet, placer sur la scène le spectacle d'une fille amoureuse de son père et assaillie, par moments, d'accès de jalousie contre sa mère, peut devenir facilement une chose monstrueuse. Cependant, cette passion ne deviendra plus incompatible avec la morale, si

---

1. Tragédie d'Alfieri.

on la présente comme imposée par la destinée. C'est ce que fit Alfieri en expliquant que Cécris, mère de Myrrha, ayant vanté la beauté de sa fille jusqu'à la dire supérieure à celle de Vénus, la déesse offensée se vengea en inspirant à Myrrha un amour incestueux. Avec une habileté sans pareille, Alfieri a rendu cet amour supportable et même émouvant. Comment, en effet, le spectateur assisterait-il sans émotion à la lutte douloureuse et terrible à laquelle doit être en proie une âme pure, vaincue par une passion qui lui cause des remords, de la honte, des désirs incompris, et dont elle peut mesurer l'énormité aux frissons qu'elle-même en éprouve? C'est là ce qu'Alfieri a exprimé à la fin de sa tragédie. Mais, si l'auteur a eu beaucoup de peine à traiter un tel sujet et à le faire accepter, la tâche de l'actrice qui devait l'interpréter et le rendre admissible n'était pas aisée. Aussi, dirai-je franchement que ce rôle a été le seul de ma carrière dont l'étude ne m'ait pas réussi du premier jet et dont les sérieuses difficultés aient paralysé mes moyens. Montrer les puissants contrastes qui se succèdent sans trêve dans l'âme de cette malheureuse en lutte continuelle avec elle-même, et ses cruelles souffrances; faire deviner que tout ce qu'il y a de coupable en elle ne fait pas partie de sa nature, et qu'au contraire, c'est bien à elle qu'appartiennent le courage et la force qu'elle déploie pour s'arracher du cœur une passion qu'elle déteste jusqu'au suicide; laisser éclater de temps en temps les ardeurs de cette passion fatale, tout cela me semblait impossible à rendre.

Du jour où, fillette de quatorze ans, je jouai le rôle de Françoise de Rimini, de Silvio Pellico, jusqu'à la dernière de mes créations, je possédai toujours une grande faculté d'intuition qui me permit de mener à bien toutes mes études; mais si, jamais, j'en avais éprouvé un sentiment d'orgueil, il aurait disparu dans mon étude de *Myrrha*.

Je dois pourtant dire que ce rôle m'avait été imposé précipitamment. C'était en 1848, au moment où le changement de gouvernement permettait de réintroduire sur la scène des œuvres jusqu'alors interdites par la censure du gouvernement pontifical. J'étais sur le point de donner le jour au premier de mes quatre enfants, et cela me semblait un contre sens évident de vouloir représenter, dans mon état, cette pure et modeste jeune fille de 20 ans, victime d'une passion si affreuse.

Je résistai autant que je pus, mais sans succès, à la volonté de mes impresarios, Domeniconi et Gaetano Cotellini, qui comptaient sur de bonnes recettes avec cette tragédie. Comme je dépendais d'eux, je n'avais aucune qualité pour leur refuser mes services, et je dus céder, comme mes collègues. En quatre jours, il me fallut apprendre le rôle de Myrrha, qui ne comporte pas moins de 370 vers. Comment eût-il été possible d'étudier, d'approfondir, et encore moins de m'assimiler si rapidement, même le quart d'un pareil rôle? C'était à peine le temps nécessaire au travail de ma mémoire : d'autant plus qu'on sait combien sont difficiles les vers d'Alfieri et quelles étranges circonlocutions ils renferment. Le résultat fut ce qu'on pouvait attendre : misérable, insignifiant! J'en fus tellement pénétrée, que je jurai de ne plus jouer cette pièce. Ce fut seulement en 1852 que je revins sur cette décision, par le fait de notre illustre tragédienne, et ma très chère amie, Caroline Internari, qui m'aimait comme sa fille et avait au plus haut point le culte de l'art.

Un jour elle me reprochait vivement l'enfantillage dont je faisais preuve en refusant de tenter un nouvel essai; et, pour vaincre ma résistance obstinée, elle m'offrit une fête artistique que je n'aurais jamais rêvée. Son amour de l'Art et du Beau était tel que, quoiqu'elle n'eût jamais joué que le premier rôle de cette tragédie, dans lequel elle excitait le plus vif enthousiasme, elle me proposait de se charger du rôle de la nourrice Eurycléo, rôle important si l'on veut, mais moindre cependant. Je ne pus résister, et je consentis à reprendre l'étude de *Myrrha*. Mais quelle étude approfondie! Une analyse de chaque vers; une recherche minutieuse du sens de chaque parole, de chaque regard; un examen de tous les moyens qui pouvaient servir au rôle. Tout fut préparé avec cet amour qu'on avait alors pour le grand Art et que le peuple italien encourageait par le plaisir, qui allait parfois jusqu'à l'enthousiasme, avec lequel il assistait à ces représentations tragiques. Après trois mois d'études, vers la fin de 1852, je montai sur la scène du théâtre Niccolini, de Florence, alors théâtre Cocomero, pour tenter la seconde épreuve. Le fait d'avoir à côté de moi Caroline Internari, cette personnification de la tragédie, me donnait tant de forces et un tel élan, que, sous l'empire de l'enchantement qui s'emparait de moi, le sang en ébullition, l'imagination transportée, j'étais complètement entrée dans mon personnage dont je vivais tous les malheurs. La métamorphose était complète. Cette tragédie, je la fis mienne, mienne exclusivement, et, comme je l'ai dit, dans mes essais sur la scène de la salle Ventadour, en 1855, ce fut ce rôle qui me conquit la presse et le public français.

Si l'amour incestueux de Myrrha était répugnant, on me tenait grand compte de la chasteté dont j'imprégnais mon rôle.

En recherchant les beautés les plus cachées qu'il renferme, mon principal souci — et, si je puis dire, ma plus grande victoire — était de prouver au public que quelque immoral que pût paraître le sujet, on pouvait lui donner un autre aspect dans la représentation. Si, dans la fable antique, Myrrha est absolument odieuse et méprisable, dans Alfieri les passions de la femme sont dominées par la chasteté naturelle de la jeune fille. Et j'eus la satisfaction d'entendre plusieurs mères déclarer qu'elles n'avaient rien vu là, qui pût blesser la pudeur de leurs filles.

Je tiens à ce propos à raconter une anecdote qui vient à l'appui de mon dire. Une jeune fille, en rentrant chez elle tout émue de ce qu'elle avait entendu, discutait la tragédie avec ses parents et ses amis : « Mais pourquoi donc, leur demandait-elle, cette Myrrha est-elle si changeante ? Elle veut se marier, elle ne veut plus, et ses parents sont toujours de son avis, elle fixe elle-même le jour des noces; et voilà qu'au moment de s'engager, elle entre en fureur, et repousse son mari, invective sa mère, et finit par se tuer en disant à son père :

Oh ! tu verrais le père reculer d'horreur si Cinyras la connaissait !

« Mais qu'avait-elle donc? »

Et le père, dont l'intelligence égalait celle de la fille, surpris de la demande, trouva une explication digne de lui en déclarant que la malheureuse avait la tête à l'envers !

En réalité, ces contrastes furieux sont bien capables d'impressionner et de confondre une intelligence ordinaire.

Dans la première scène de Myrrha avec Pérée son futur époux, j'employais tous mes moyens à dissimuler le combat qui se livrait en moi-même. Voulant cacher la cause de mon martyre et l'aversion que m'inspirait tout homme autre que mon père, je devais cependant laisser passer quelque signe de faiblesse, car c'est ce qu'indique l'auteur lorsque, par exemple, Pérée dit à Myrrha :

... Ainsi tu veux bien être à moi? Plus de regrets, plus de retards !

Et que Myrrha, sentant vaciller son courage, lui répond :

Non, voici le jour où je serai ton épouse, mais demain le vent enflera les voiles de tes vaisseaux, et pour toujours nous laisserons ces rives derrière nous.

Pérée. — Que dis-tu ? Quelle contradiction soudain dans tes paroles ? Abandonner ta patrie, tes augustes parents ? Tu veux partir ainsi pour toujours ?

Myrrha. — Je veux... pour toujours les quitter... et mourir... de douleur !...

Ces passages prouvent aussi l'invariable résolution de Myrrha qui, quoique sûre de mourir séparée de son père, aime encore mieux le quitter que de prolonger son dangereux séjour auprès de lui.

Il me paraît indispensable d'indiquer ici quelques-unes des scènes et quelques-uns des passages les plus difficiles à rendre, pour que le lecteur puisse juger de mon interprétation.

Ainsi lorsque, dans le III° acte, Myrrha est invitée par ses parents à leur parler, je m'avançais d'abord d'un pas ferme, comme si mes souffrances me laissaient une trêve d'un moment ; ma mère s'approchant affectueusement de moi, je m'arrangeais de manière à ce que la présence de mon père me restât cachée. Cécris, en s'approchant, disait :

Fille chérie, viens vers nous, viens...

Mais après ce *viens vers nous*, voyant que j'avais mon père devant moi, je m'arrêtais comme prise d'un frisson ; et cela amenait ma mère à me dire le second *viens vers nous*, comme si elle eût voulu me demander : *Pourquoi t'arrêtes-tu ?* Alors je disais à part :

Ciel ! que vois-je ? Mon père aussi !

Et pendant les affectueuses exhortations que m'adressait Cinyras et les caresses dont me couvrait Cécris, je laissais voir au public les déchirements de mon âme en disant :

Est-il dans le monde une torture comparable à la mienne ?

Et quand, chassée par mon père, en butte aux supplications pressantes de ma mère, je ne savais plus par quel subterfuge échapper ni comment cacher ma honteuse passion, la lutte intérieure n'avait plus de frein, il semblait que mon cœur dût éclater !

Après un effort surhumain pour ne pas me trahir, je murmurais résolument à part :

Myrrha ! c'est pour toi le dernier effort, courage !

Puis ensuite, quand le père, voyant le misérable état de sa fille et écoutant les souffrances auxquelles elle est en proie, lui dit avec autorité et force :

Non, ce mariage n'aura pas lieu. Tu n'aimes pas Pérée et c'est malgré toi-même que tu veux te donner à lui !

avec le désespoir d'une âme qui se voit enlever la dernière ancre de salut qui pourrait la sauver de sa passion, je m'écriais :

Ah ! ne me le ravis pas, ou donne-moi la mort sur-le-champ.

Après une pause d'un moment, pendant laquelle je semblais rassembler mes forces, je disais :

Il est vrai, peut-être... que mon amour n'est pas égal au sien... et je n'en suis pas bien sûre moi-même... Crois-le, il a mon estime, et nul homme au monde n'obtiendra ma main, si elle lui est refusée. Je l'espère, il sera cher à mon cœur, comme il doit l'être. Épouse chaste et fidèle, je vivrai auprès de lui, et la joie renaîtra en mon sein ; peut-être un jour la vie me reviendra-t-elle douce et heureuse. Ah! si, dès à présent, je ne l'aime pas comme il le mérite, la faute n'en est pas à moi, qui m'abhorre moi-même... Je l'ai choisi, et le choisis encore; je ne veux, je ne demande que lui pour époux. Ce choix, vous l'avez agréé avec joie, que tout s'accomplisse donc comme je le veux, comme vous l'avez voulu. Puisque ma volonté surmonte ma douleur, imitez mon exemple. Je vais tâcher de rappeler ma joie pour venir à cet hymen et vous en serez heureux un jour.

Comme Alfieri décrit merveilleusement, dans ces vers interrompus, l'effort inouï de cette malheureuse pour repousser toutes les caresses de son père, pour trouver de fallacieux prétextes à la cause inconnue de ses peines; quelle habileté à peindre l'amertume avec laquelle elle éclate en imprécations contre le fatal ennemi qui s'est emparé d'elle, ou feint un calme, un espoir qui sont bien éloignés de son cœur, ou encore laisse tout à coup deviner sa ferme résolution de mourir plutôt que de continuer à vivre à côté de l'objet de son criminel amour! Qui ne serait ému de pitié pour cette jeune fille que poursuit une Destinée ennemie?

En récitant ce morceau, je m'efforçais d'é-

viter de rencontrer le regard de mon père, ne
négligeant cependant pas l'occasion de montrer au public, par un jeu expressif, la colère
jalouse que j'éprouvais contre ma mère en
voyant se porter sur elle toute l'affection
de mon père. A l'un de ces moments Cinyras,
après avoir écouté les raisons qu'invoque sa
fille pour s'éloigner d'eux, embrassait son
épouse en lui disant :

Et toi, chère épouse, tu restes plongée dans ta douleur muette ! Consens-tu à son désir ?...

A ce moment-là, je faisais le geste de me
précipiter furieusement entre eux pour empêcher leur embrassement, puis, frissonnant tout
à coup et honteuse de ce mouvement, je me
drapais tout entière dans mon manteau et me
réfugiais au fond de la scène. puis prenais
congé de mes parents en disant :

Je me retire pour un instant, je veux apporter aux
autels des yeux secs, et un front serein qui plaise à
mon digne époux.

Je rendais affectueusement à ma mère le
baiser qu'elle venait de me donner, mais à

7.

l'approche de mon père qui voulait me serrer sur son cœur, je me dérobais en m'inclinant devant lui avec un respect simulé, laissant voir le tremblement dont j'étais saisie. Après cela, je me précipitais entre les coulisses en proie à la plus violente commotion.

Au commencement du IV⁰ acte, l'auteur représente Myrrha calme, sereine, riant presque ; ce qui fait dire à la nourrice Euryclée :

> C'est une joie bien cruelle que celle que tu montres en nous quittant.

Et cette joie devait être la conséquence naturelle de la satisfaction qu'éprouvait en ce moment Myrrha, en croyant avoir triomphé des obstacles qui s'opposaient à son départ. D'un ton apaisé et tranquille, elle disait à Pérée :

> Oui, cher époux, c'est le nom que je veux dès à présent te donner, si jamais j'ai formé un désir bien ardent, c'est celui de partir avec toi au lever du soleil. J'en brûle d'envie. Je veux me retrouver seule avec toi, je veux cesser de voir autour de moi tous ces objets, témoins importuns de mes pleurs et leur cause peut-être ; je veux sillonner des mers nouvelles, aborder à un nouveau royaume ; retrouver un air nouveau et pur, sentir pour défenseur, à mes côtés, un époux

tel que toi, plein d'amour et de joie, tels sont les vœux que je forme et qui vont se réaliser. . . . .
. . . .
Ne me parle ni du palais natal que j'abandonne, ni de mes parents seuls et désolés, ni de rien de ce qui me touche; n'en prononce même pas le nom! C'est le seul remède capable de tarir la source des larmes qui noient mes paupières.

On voit par là que Myrrha, quand elle n'est pas en présence de son père, sait triompher dans ses luttes intérieures et dominer sa passion. Mais dès que Cinyras apparaissait, afin de mettre en relief le contraste de la situation suivante, ainsi que l'effet instantané produit sur moi par la vue de mon père, j'avais réussi à mettre en évidence le froid glacial qui courait dans mes veines, le trouble profond et invincible qui s'était emparé de moi. Le public me comprenait (je m'en apercevais au mouvement qui se produisait) et ressentait les émotions de cette scène qui est une des plus belles de la tragédie.

Le premier réveil des fureurs de Myrrha, se manifeste quand le prêtre commence à chanter les premiers vers de l'hymen nuptial. Alors une pâleur mortelle envahit son visage, ses membres commencent à se contracter. Une seule personne s'en aperçoit, la nourrice, qui, effrayée, s'approche d'elle et lui dit à voix basse :

Ma fille, qu'est-ce ? tu trembles ?... Ciel !...

A quoi Myrrha répond en tremblant d'abord :

Tais-toi ! Tais-toi !
EURYCLÉE. — Pourtant...
MYRRHA, *résolument et avec autorité*. — Non, non, ce n'est pas vrai, je ne tremble pas !

Et tandis qu'elle parle ainsi, des larmes ardentes tombent de ses yeux.

C'est là un des plus magnifiques passages de cet acte.

Je me rappelle l'étude que m'a coûtée l'interprétation exacte du tourment moral que causaient à Myrrha les demandes maternelles réitérées, ainsi que le combat qu'elle soutient contre elle-même pour avoir la force d'accomplir son hymen au prix de sa vie : deux situations vraies, puissantes, admirablement exprimées dans les vers suivants :

Cécris. — Mais quoi! tu changes de visage? Hélas! tu trembles, et à peine sur tes pieds...

Myrrha. — Ah! par pitié, n'ébranle pas mon courage par tes paroles! Je ne sais si mon visage... mais mon cœur, mon esprit demeurent fermes et immuables.

Mais pendant que le prêtre prononce la troisième strophe de l'hymne nuptial :

Que la foi pure, que l'éternelle et divine Concorde aient leur temple dans le sein de ces deux époux ! et que jamais l'infernale Alecton et ses horribles sœurs ne menacent le cœur fort et candide de la magnanime épouse, supérieure à toute louange. En vain la funeste Discorde laissera éclater sa rage; elle devra se dévorer elle-même...

pendant cette strophe, Myrrha, haletante, s'efforçait de réprimer et de cacher la terrible tempête qui s'agitait en elle-même; puis, quand elle entendait ces vers :

En vain la funeste Discorde laissera éclater sa rage, elle devra se dévorer elle-même...

j'imaginais que Myrrha devait être au comble de la fureur. Cette colère devait donc éclater comme un ouragan, et le sentiment intérieur qui la consumait comme un poison devait l'amener à s'écrier :

Que dites-vous ? Déjà dans mon cœur, déjà je sens les redoutables Furies ! les voilà ! elles m'environnent, secouant leurs têtes de vipères et leurs lugubres torches ! Ce sont là les flambeaux que mérite un pareil hyménée !

A partir de ce moment, mon visage était complètement transfiguré ; puis, comme en proie au délire, je disais avec épouvante après une courte pause :

Mais quoi ! les hymnes se taisent ! Qui me serre dans ses bras ? Où suis-je ? Qu'ai-je dit ? Suis-je déjà épouse ? Malheur !

En prononçant ces dernières paroles, je me tournais tout à coup, en sorte que je me trouvais en face de mon père qui, les bras croisés, me regardait avec une expression menaçante. En le voyant ainsi, je sentais mon sang se glacer, le courage me manquer, et je m'écriais : « Hélas ! » en me laissant tomber comme anéantie. Ma mère et la nourrice me relevaient en essayant de me rappeler à la vie ; sans avoir encore entièrement recouvré mes sens, grâce seulement à l'influence magnétique de la voix de Cinyras, j'entendais confusément ses graves et menaçantes paroles... Alors je répondais d'une voix à demi éteinte, à peine intelligible :

C'est vrai ! Que Cinyras soit envers moi inexorable ! Je ne demande, je ne veux rien autre ! Il peut seul mettre un terme à toutes les douleurs d'une fille malheureuse et indigne de lui... Plonge dans ma poitrine cette épée vengeresse qui pend à ta ceinture !... C'est toi qui m'as donné cette vie misérable et détestée : ôte-la-moi ! c'est la dernière faveur que je te demande !... Pense que si ta main ne me donne pas la mort, tu m'obliges à me la donner moi-même !

Ainsi Alfieri montre à chaque instant que la seule trêve possible à l'amour de Myrrha sera la mort.

A ces dernières paroles, je m'évanouissais de nouveau, en sorte que je ne m'apercevais pas que mon père me soutenait avec les autres.

Dans les deux scènes suivantes, Myrrha rentre peu à peu en elle-même, et, quand elle est restée seule avec sa mère, il y a un long échange de paroles, d'excuses, de pitié, d'angoisse, de remords, et même de fureur jalouse à voir toujours à ses côtés sa rivale haïe, celle qui, seule, possède toute l'affection et toute la tendresse de Cinyras. En sorte que quand Cécris lui dit :

Au contraire, je veux toujours veiller sur toi.

Myrrha, entièrement hors d'elle-même, éclate comme une furie :

Veiller sur moi, te voir à chaque instant, t'avoir toujours sous mes yeux? Puissent-ils plutôt être plongés dans d'éternelles ténèbres! Quand même je devrais les arracher de mes propres mains !
Cécris. — Ciel! qu'entends-je? Ciel! tu me fais frissonner! Tu me détestes donc?
Myrrha. — Toi la première, la seule, l'éternelle cause de tous mes maux !

Je prononçais cette réplique dans une fièvre de désespoir. Mais, émue au spectacle de l'angoisse poignante de ma mère, montrant que ces horribles paroles m'avaient été arrachées par la force invincible de la passion, j'apparaissais tourmentée de honte de m'être laissé entraîner à de tels transports ; ma bonté naturelle l'emportait, et, rougissant d'avoir, dans mon accès de rage furieuse, blessé par de pareils outrages le cœur de ma mère, vaincue par les terribles luttes de la passion, je sentais mes forces défaillir peu à peu, et, me laissant doucement reconduire par ma mère, j'échangeais avec elle les baisers et les caresses.

Au V⁰ acte Cinyras, en apprenant la mort du malheureux Pérée, veut mettre fin à ses angoisses et avoir à tout prix une explication avec sa fille, à laquelle il veut parler avec toute son autorité paternelle. Elle s'avance. Les vers qu'Alfieri fait prononcer à Cinyras à l'entrée de Myrrha indiquent clairement dans quel état d'esprit elle se trouve :

Ciel ! que sa démarche est lente et fatiguée ! il semble que, venant à moi, elle marche à la mort.

En effet, vêtue d'une simple tunique grecque en laine blanche très fine, les cheveux en désordre, le visage pâle, les yeux cerclés et baissés et la démarche incertaine, je m'efforçais de faire comprendre au spectateur quel combat je soutenais et je le préparais à assister à la catastrophe inévitable.

A peine arrivée devant mon père, je demeurais comme pétrifiée, la tête inclinée, attendant ma condamnation.

Pendant les paroles que Cinyras adresse à Myrrha pour chercher la cause de ses souffrances, il manifeste la conviction que c'est l'amour qui la dévore, mais un amour indigne d'elle, puisqu'elle le cachait aux yeux de tous. J'écoutais ces paroles en silence, avec des gestes de dénégation, et des monosyllabes interrompus et faiblement prononcés; et par mes gestes désespérés, par l'indication de mes angoisses, je composais une autre scène qui formait presque un dialogue avec mon père.

Quand Cinyras disait :

Mais qui donc est digne de ton cœur, si le grand, l'amoureux, l'incomparable Pérée n'a pu l'obtenir?

j'avais réglé la scène de façon qu'il adressât ces vers dans la direction où Pérée était supposé se trouver, toute sa personne étant tournée de ce côté; et pendant ce temps, ivre d'amour en entendant cette voix aimée, cédant à une impulsion involontaire, je tendais mes bras vers lui, montrant ainsi que c'était *lui*, mon père, que seul je pouvais aimer; mais Cinyras se retournant à l'improviste, je baissais les yeux, effrayée, reculant pour éviter que mon geste fût surpris, puis, me voyant près de me trahir, ne sentant plus en moi la force nécessaire à résister à ses arguments pressants, d'une voix profonde et prolongée, et qu'il ne pouvait entendre, je disais à part avec amertume :

O mort! ô mort! que je ne cesse d'invoquer, seras-tu toujours sourde à mes prières?

Voyant ensuite que tout subterfuge et toute dénégation devenaient impossible, que mes mensonges allaient être percés à jour par la volonté de Cinyras de découvrir mon secret, je l'interrompais en disant d'un accent désespéré :

Ciel! oui, j'aime! Puisque tu m'obliges à l'avouer, oui, j'aime sans espoir, sans avenir!

Puis, comme si j'espérais que cette révélation dût suffire, je m'enfermais dans la ferme résolution de ne rien révéler de plus, en disant très vite :

Mais le nom de celui que j'aime, ni toi, ni personne ne le saura jamais. Il l'ignore lui aussi! et moi, je m'en défends... je le nie presque à moi-même!

Mon père répondant à cela qu'il voulait me sauver à tout prix, voyant que je ne pouvais plus éviter une douloureuse confession, je m'écriais violemment, hors de moi :

Me sauver, dis-tu?... Tes paroles mêmes hâtent l'instant fatal... Laisse !... Laisse !... que je puisse... sur-le-champ m'éloigner de toi !...

et je fuyais résolument ; mais, arrêtée par le cri affectueux de mon père :

Ma fille ! mon enfant bien-aimée ! que dis-tu ? Viens dans les bras de ton père !

alors, vaincue par la violence de l'amour, et comme si une puissance invincible m'attirait, je demeurais extasiée et finissais par tomber passionnément dans ses bras... mais, à peine m'avait-il effleurée de son contact, que je reculais d'horreur en le repoussant.

Enfin, quand Myrrha devient tout à fait impuissante à cacher son sentiment, — interprétant l'intention de l'auteur qui, grâce à une inspiration digne de son génie, a trouvé moyen par une périphrase de tout faire entendre sans rien dire, — je murmurais avec effort, péniblement, d'une voix très basse, comme si j'eusse craint que l'air m'entendît :

Oh! tu verrais le père reculer d'horreur, si Cinyras le connaissait !...

et je prononçais ce nom comme si un élan de passion me l'eût apporté aux lèvres, en restant un instant immobile, les yeux fixés sur lui, attendant sa réponse.

Puis la douleur de Myrrha n'a plus de frein quand Cinyras, qui n'a pas compris le sens de ses paroles, la menace de lui retirer à jamais son affection et de l'abandonner à elle-même, si elle ne lui dévoile pas le terrible secret qui la consume. A une semblable menace Myrrha, ne pouvant résister à la pensée d'être pour toujours abandonnée par son père, perd toute retenue et, pensant au bonheur de sa mère, qui vivra toujours heureuse dans les bras de son mari, donne libre essor à sa rage jalouse et s'écrie :

Trop heureuse ma mère... au moins il lui sera permis... de mourir à tes côtés !

L'accent, le geste, le regard, remplis d'un

immense amour, ne laissant plus à Cinyras le moindre doute sur le sens de ces paroles, il recule avec horreur devant sa fille. Myrrha, écrasée de honte, ne trouvant plus d'autre moyen pour échapper à son déshonneur, s'empare rapidement du poignard que son père porte à sa ceinture et s'en frappe en disant :

Ma main au moins a été aussi prompte que ma parole !

et tombe inanimée sur le sol. — A l'entrée de Cécris, soutenue dans les bras de la nourrice, j'essayais de me relever en voyant Cinyras sur le point de tout révéler à sa femme, et, avec des gestes de prière, je le suppliais de s'arrêter et de m'épargner la honte de mon crime. Puis mes prières étant vaines, je retombais sur le sein d'Euryclée, et, restée seule avec elle, au moment de mourir, je lui disais d'une voix éteinte et avec l'accent du reproche :

Quand je te demandais une arme... tu aurais dû me la donner... Euryclée... Je serais morte... innocente... A présent... je meurs... impie !

Et je tombais morte sur le sol !

CHAPITRE V

MÉDÉE

Sans remonter à l'antiquité la plus éloignée et sans m'occuper d'autres temps que les nôtres, je rappellerai cependant qu'il y a longtemps que le sujet de Médée fut mis à la scène par une des illustrations de l'école italienne J.-B. Niccolini. Mais, quoique quelques éclairs de génie apparaissent par moment dans cette tragédie et qu'elle soit imitée du grec et comporte l'adaptation de quelques passages d'Euripide et de Sénèque, elle parut manquer de ces effets scéniques qui agissent sur les sens des spectateurs, et comme, de plus, son dialogue est parfois prolixe, elle ne fut pas représentée aussi souvent que les autres œuvres du célèbre écrivain.

Vers la même époque, César Della Valle duc de Ventignano publiait une autre *Médée* : on remarqua qu'il avait su traiter avec plus de concision que Niccolini ce vieux sujet auquel il s'était attaqué ; et, à défaut peut-être de la grande empreinte grecque, les effets scéniques qu'il imagina rendirent sa tragédie si populaire, que tous les directeurs l'ont montée et toutes les actrices de valeur l'ont jouée.

Pour moi, je n'ai jamais consenti à la jouer parce que, ainsi que je l'ai dit déjà, ayant le sentiment maternel très développé, je répugnais à l'idée qu'une mère pût tuer ses enfants de sa propre main et de dessein prémédité, et je ne pouvais admettre la représentation sur la scène d'une pareille monstruosité. Aussi, les plus vives prières de mes directeurs n'ont-elles jamais pu vaincre cette aversion.

A mon arrivée en France, en 1855, les dissentiments au sujet de Médée étaient encore récents entre M. Legouvé et ce véritable génie de la tragédie française qui s'appelait Rachel.

Un jour, — après quelques représentations à la salle Ventadour, dans lesquelles j'eus la bonne fortune de m'attirer la sympathie du public parisien, — ma femme de chambre vint m'annoncer que deux messieurs désiraient me voir. Je n'avais pas encore terminé mon dîner (les artistes dramatiques sont obligés de dîner de bonne heure) ; je les reçus cependant.

« Je suis M. Scribe, » dit l'un. « Je suis M. Legouvé, » ajouta l'autre. Qui en Italie ne connaissait ces deux noms? Chez nous, on donnait du Scribe à toutes sauces, et il formait une partie attrayante et considérable de mon répertoire : *Adrienne Lecouvreur*, *Louise de Lignerolles,* etc. Aussi en me trouvant en la présence de ces messieurs, je restais confuse et tout heureuse de recevoir deux des maîtres du théâtre français. Nous engageâmes une vive et gaie conversation, au cours de laquelle ils parlèrent de toutes leurs compositions, surtout de celles de Scribe, que j'avais jouées. Et sur les courtoises instances des deux visiteurs, je consentis à leur dire un morceau d'*Adrienne Lecouvreur* dont ils eurent, naturellement, l'amabilité de se dire pleinement satisfaits. Cette fois nous n'entrâmes pas dans d'autres détails, mais plus tard je revis M. Legouvé, avec lequel j'eus alors la conversation suivante :

— Pourquoi, Madame, ne joueriez-vous pas ma *Médée!*

— Pour une raison capitale, cher monsieur. J'ai une affection si vive pour les enfants en général que, toute jeune fille, quand le hasard me faisait rencontrer un bébé blond, aux joues rondes, au regard d'ange, qu'il fût dans les bras de sa nourrice ou qu'il donnât la main à sa bonne, je me mettais à l'embrasser avec transports, sans m'inquiéter des regards qu'on me lançait! Je vous laisse à juger quelle adoration j'ai pour mes enfants à moi! Il me serait impossible de tuer, même en fiction, sur la scène ceux qu'on m'aurait improvisés pour la circonstance! Voyez, en Italie, nous avons une *Médée* qui a beaucoup de succès et est fort aimée par les directeurs; les actrices en font un de leurs morceaux de résistance; eh bien, pour moi, quelle que soit l'actrice qui joue ce rôle je ne vais jamais l'entendre.

— Mais, répliqua M. Legouvé, ma *Médée*, à moi, ne tue pas ses enfants de manière à laisser deviner que c'est la mère qui commet cet horrible crime, et le public ne la voit pas accomplir matériellement cet acte...

— Pardonnez-moi, monsieur Legouvé, mais je ne pourrais jamais me convaincre que l'horreur que doit à ce moment inspirer l'actrice ne révolte pas le public contre elle.

M. Legouvé reprit :

— Je vous assure qu'il n'en est rien... Du reste, ne m'accorderez-vous pas la faveur de lire ma *Médée* pour vous assurer par vous-même de la vérité de mes assertions?

— Certainement! Je ne voudrais pas manquer de courtoisie envers vous qui m'en témoignez tant. Seulement (ne prenez pas cela en mauvaise part), je vous avertis qu'il ne me sera pas possible d'admettre votre *Médée* dans mon répertoire.

Comme si je n'avais rien dit, M. Legouvé était sur le point de me quitter avec ces paroles : « Bien, bien; lisez cependant, nous en reparlerons. » Mais je le retins, et j'ajoutai : « Il y a une autre raison qui m'empêche de jouer votre *Médée* : je n'ignore pas que Rachel n'a pas voulu s'en charger par suite d'un pur caprice et je ne voudrais à aucun prix faire supposer que je désire profiter de sa bizarrerie momentanée pour gagner la sympathie du public en m'emparant d'un rôle écrit pour elle.

Par conséquent je ne pourrais consentir à jouer le rôle de *Médée* qu'à condition que vous m'en exprimiez hautement et publiquement votre désir et leviez mes scrupules.

— Puisque Rachel a refusé, me répondit M. Legouvé, quels scrupules pouvez-vous avoir?

Il comprit cependant la justesse de mon objection et me promit que, si je me décidais à accepter le rôle, il ferait part de mes hésitations au public.

Le jour suivant, profitant d'un moment de liberté, pendant que ma femme de chambre me coiffait, je me mis à lire *Médée*, mais avec la conviction profonde que je perdais mon temps, tant il me paraissait impossible que l'auteur eût pu esquiver l'inévitable catastrophe.

Avec une surprise plus facile à deviner qu'à décrire, cette lecture commença à m'inspirer un si vif intérêt que, à mesure que j'avançais, je m'exclamais et gesticulais de telle façon que ma pauvre femme de chambre, tout étonnée, me criait :

— Oh! mon Dieu! Madame, qu'est-ce qu'il y a? Je ne puis vous coiffer!...

— C'est bon, c'est bon, continue, il n'y a rien ; ne fais pas attention à moi.

A la fin du premier acte (que je trouve supérieur à tous ceux des auteurs anciens et modernes qui ont traité le même sujet), je m'écriai : « Oh! comme c'est beau, quelles magnifiques situations! Comment Rachel a-t-elle jamais pu renoncer à jouer un rôle aussi magistral. »

Après le second acte, mon enthousiasme s'accrut encore. Mais j'attendais avec la plus avide attention mon auteur au passage, c'est-à-dire à la scène finale. Je voulais avant tout voir quel moyen il avait inventé pour faire tuer sur la scène les enfants par la mère sans qu'elle-même consommât le crime et sans que le public s'en aperçût.

Je n'ai pas de parole pour exprimer l'admiration qu'excita en moi la lecture complète de cette tragédie. M. Legouvé avait trouvé le moyen de faire paraître le meurtre juste et nécessaire.

Les Corinthiens veulent enlever à Médée ses enfants en les tuant pour venger la mort de la malheureuse Créuse, victime de sa sauvage jalousie. Quel moyen de salut lui reste-t-il ? Elle ne peut se résoudre à abandonner ses enfants à Jason, sachant qu'ils seront élevés dans la haine de leur mère ; d'un autre côté, affronter la plèbe en fureur, c'est courir à une mort certaine sans sauver ses fils, et, dans cette effroyable alternative, elle est surprise par une foule qui veut essayer de les lui enlever. Ne trouvant aucune autre issue, prompte comme l'éclair, elle plonge le poignard dans ces chères poitrines.

M. Legouvé m'avait bien dit la vérité, et il avait réussi à éviter l'horreur du crime. En entendant le mugissement de la foule qui s'approche, Médée essaye de s'ouvrir une voie de salut... Mais de toutes parts éclatent les voix qui réclament sa mort... Alors, sur le point de se voir enlever ses enfants, elle se précipite d'un bond sur l'autel de Saturne. La foule, qui rentre de tous les côtés de la scène, se rue sur elle, et, aux cris de terreur qui partent de toutes les poitrines, on comprend que le crime est accompli!

Je laissai tomber le livre, ne songeant plus qu'à m'essayer dans ce rôle.

En revoyant un peu plus tard M. Legouvé, je faillis me jeter à son cou pour lui témoigner mon admiration! « Oui, oui, lui criai-je, je jouerai votre *Médée*, et nous combinerons ensemble un meurtre figuré qui fera accourir la foule! »

Sans perdre de temps, nous fîmes le choix d'un traducteur italien.

Heureusement, Paris possédait alors, dans sa nombreuse colonie italienne, beaucoup de lettrés distingués que l'amour de la patrie avait condamnés à l'exil. Parmi eux, nous choisîmes Montanelli pour traduire en bons vers italiens la belle œuvre de M. Legouvé, et Montanelli assuma de bon cœur cette rude tâche. Notre héroïque patriote Daniel Manin et beaucoup d'autres approuvèrent ce choix, et l'on décida que le travail devrait être prêt pour l'année suivante.

A mon retour à Paris, au printemps de 1856, pendant quelques jours, je déployai une ardeur, une activité nerveuse extraordinaire pour me préparer à paraître dans cette tragédie. Je ne voyais que Médée, je ne pensais qu'à Médée. Le choix de mon costume me préoccupa beaucoup... Les nombreuses recherches que j'avais faites ne m'avaient pas encore amenée à trouver ce que je désirais. Le célèbre peintre Ary Scheffer, dont le hasard me fit faire la connaissance et qui me témoignait une amitié dont j'étais fière, vint à mon aide. Il me dessina mon costume dans ses détails les plus minutieux. La seule chose qui l'embarrassait, c'était le manteau qui, pour ma première entrée en scène, devait être d'une ampleur excessive, mais qui, ensuite, devenait gênant pour les diverses attitudes qu'il avait imaginées. D'un mouvement simple et naturel, je devais faire tomber derrière mes épaules ses larges plis artistement disposés : je me donnai grand'peine pour y réussir.

Le jour fixé pour la première représentation était le 8 avril, et, comme je n'avais pas l'habitude de remettre une chose décidée, je voulus que tout fût prêt pour ce jour.

A cette époque-là, une nouveauté théâtrale excitait une grande et sérieuse curiosité. Les Parisiens étaient curieux de voir si Mlle Rachel avait réellement eu tort de refuser ce rôle après l'avoir accepté, étudié et essayé plusieurs fois.

Les Italiens de leur côté, attachaient à ma tentative une importance presque nationale; aussi la surexcitation était-elle grande.

Tous les amis qui sympathisaient avec notre nation et qui étaient liés avec nos principaux exilés participaient à leur agitation.

Parmi eux je ne citerai, pour être brève, que nos chers amis M. et Mme Planat de La Faye [1].

---

1. L'un et l'autre furent liés d'amitié presque paternelle avec notre illustre patriote D. Manin dont ils adoucirent

Avant le lever du rideau, beaucoup de personnes vinrent dans ma loge me présenter leurs plus chaleureux souhaits pour un heureux succès, et Ary Scheffer voulut voir l'effet de mon costume, s'il avait bien été exécuté tel qu'il l'avait dessiné, et comment on avait réussi à cambrer le pan de l'ample manteau sans me gêner et en obtenant cependant l'effet qu'il avait imaginé. Je lui expliquai par quelle ingénieuse ruse de femme j'y étais arrivée : satisfait de mes explications, il s'en alla en hâte rejoindre sa famille pour assister, sans en rien perdre, à la représentation.

La salle Ventadour était remplie, Mme Desvallières, fille de M. Legouvé, ne résistait pas à l'émotion et à la crainte qui la dominait. L'auteur, comprenant qu'il jouait une grosse partie, à cause de tout le bruit provoqué l'année précédente par l'incident Rachel, ne parvenait pas à dissimuler son anxiété, qui se trahissait

le dur exil et la mort par les témoignages du plus profond attachement. Plus tard, la ville de Venise reconnaissante devait conférer à Mme Planat le titre de citoyenne de Venise, en récompense de sa vraie amitié pour l'Italie et de ses deux superbes volumes sur la vie de l'illustre Manin.

par l'attention excessive qu'il prêtait aux moindres détails de la mise en scène, bien qu'il conservât les manières d'une personne qui surveille les intérêts d'un ami.

Quant à moi, quoique j'affectasse de m'intéresser à tout... j'avais pourtant les mains gelées, et je ne faisais que les frotter l'une contre l'autre d'un mouvement répété et rapide en disant à toute personne qui se trouvait près de moi : « Il me semble... que ce soir... il vient beaucoup de vent des frises... parce que j'ai froid... et cela me donne des frissons. »

La toile se lève, un murmure flatteur nous prouve l'attention sympathique du public, et le beau discours d'Orphée (M. Boccomini) est suivi d'applaudissements prolongés. Oh ! combien ces premières manifestations du public donnent de cœur et de courage aux artistes !

Enfin le moment de mon entrée en scène était arrivé, et j'étais déjà prête sur la plateforme du praticable qui représentait le bas de la montagne d'où je devais descendre avec peine. Je portais dans mes bras mon petit

Melanto, qui appuyait sa tête blonde sur mon épaule droite, et cette partie du manteau bleu qui devait ensuite me retomber sur le dos et qui avait préoccupé Ary Scheffer, couvrant à moitié ma tête, cachait entièrement celle de Melanto. J'avais placé l'autre fils, Lycaon, à ma gauche : il tenait une main dans ma ceinture, et appuyé contre mon flanc, devait paraître extrêmement fatigué. La mélodie des canéphores accompagnant Créuse au temple précédait mon arrivée.

A mon entrée, le public éclata en applaudissements vigoureux et prolongés, qui ne cessèrent que quand je commençai à parler. Arrivée au sommet de la montagne, je m'arrêtai tout d'un coup, comme une femme épuisée.

Pour cette attitude comme pour beaucoup d'autres que j'ai adoptées au cours de mes études tragiques, je m'étais pénétrée du magnifique groupe de Niobé, qu'on trouve dans la salle *Niobé* de la fameuse galerie *degli Uffizi* à Florence.

Quand je commençai à parler, ma voix lamentable devait faire comprendre que l'abattement de mon corps ne venait pas seulement de la fatigue des privations subies pendant le long et dur voyage à travers monts et vaux, mais du découragement qui s'emparait de moi à la vue de mes enfants épuisés auxquels je ne pouvais donner mon sang en nourriture ! Cet état de l'âme, Legouvé le décrit de la manière la plus émouvante et d'un sûr effet scénique.

Le petit Mélanto, assis avec son frère, comme privé de forces, sur les degrés de la statue de Diane, dit d'une voix désolée qu'il est fatigué et Médée lui répond :

> Cher petit être,
> Tu me brises le cœur ! Pas d'abri ! pas d'appui !...
> Ce rocher nu, voilà notre couche aujourd'hui !
> La faim nous affaiblit plus encore que la route.

A ces déchirantes paroles, j'ajoutais, hors de moi, avec un geste désespéré comme si je me demandais *comment les rassasier :*

> Ne pouvoir épuiser ses veines goutte à goutte,
> Et leur dire : Prenez, buvez !... nourrissez-vous !...

Ce ton d'abattement durait une grande partie de l'acte. C'était seulement quand la blessure du cœur se rouvrait au souvenir de l'amour perdu que mon abattement cessait, et dans la magnifique scène avec Créuse, dans laquelle montrant peu à peu quel serpent me rongeait le cœur, supposant que, pendant que j'errais misérable en suivant les traces de Jason et en affrontant tant de douleurs et de souffrances, il pouvait, lui, vivre heureux dans les bras d'une rivale, — tout mon aspect se transformait, — mes membres se tordaient, — mon œil jetait des flammes, — ma bouche paraissait vomir du venin ; quand Créuse me demandait ce que je ferais à Jason, si je le retrouvais, je répondais avec un air de furie en la regardant d'un œil louche : *Ce que je leur ferais ?* je la prenais par la main et la faisant avancer jusqu'à la rampe, je continuais :

> Que fait le léopard, lorsqu'au fond des forêts,
> Saisi d'une terrible et rugissante joie,
> D'un bond, comme la foudre, il tombe sur sa proie,
> Qu'il l'emporte en son antre, et que là, dépeçant
> Membre à membre ce corps qui ruisselle de sang...

En disant ces deux derniers vers, j'avais une expression de fauve satisfaite... et faisant le geste de déchirer ma proie, mon visage et toute ma personne prenaient une attitude qui inspirait l'épouvante et l'horreur.

Cette expression de férocité me semblait logique, non seulement à cause du caractère de Médée, mais parce qu'elle est dans toute femme de fort caractère, capable d'extrême dans l'amour comme dans la haine. Et cette conviction m'aida à me former un juste critérium et me servit de règle dans les fréquentes transformations de ce rôle. Ce fut par une profonde étude que j'arrivai à interpréter cette double passion, telle que l'auteur l'avait conçue, et sans jamais m'éloigner de la vérité.

A l'arrivée inattendue d'Orphée, le mouvement scénique changeait. A l'assurance qu'il me donnait d'avoir tout à l'heure vu Jason, une joie convulsive faisait étinceler mon visage : mais quand je découvrais en Créuse une rivale et que je la voyais affronter hardiment ma colère en disant :

> ... Arrêtez !... Devant moi
> Respectez le héros dont j'ai reçu la foi !...

je répondais avec un regard sévère :

Tu l'aimes ?

Et, quand elle m'avait dit :

Oui, je l'aime !... et demain le grand prêtre,
Le nomme mon époux !...

pareille à une lionne qui sait que sa proie ne lui échappera pas, je disais railleusement :

Lui ! ton époux !... Peut-être !...

En même temps je tendais résolument ma main gauche vers elle comme pour la défier, et je restais dans cette attitude imposante jusqu'à la chute du rideau.

Ce premier acte excita le plus grand enthousiasme, et je fus plusieurs fois rappelée sur la scène au milieu d'applaudissements frénétiques. Le foyer des artistes était plein de monde. Les admirateurs se confondaient en compliments, les amis me serraient la main avec cette expression qui n'a pas de parole et qui comprend un poème d'affection. D'autres se pressaient autour de moi, muets dans leur profonde émotion. Il va sans dire qu'avec

M. Legouvé, nous étions les héros de la fête.
Tous s'extasiaient sur l'exactitude de l'interprétation, qui avait été si bien préparée et étudiée en onze répétitions seulement. En Italie, cela n'aurait pas surpris du tout, car, précisément parce que les conditions des théâtres sont moins brillantes que dans d'autres pays, il y est plus impérieusement nécessaire d'attirer le public par des nouveautés continuelles, et, par conséquent, d'activer la mise en scène. En France, les préparatifs durent quelquefois jusqu'à six mois.

Le second acte abonde en situations et en effets scéniques merveilleux, qui offrent à l'actrice un large champ pour faire valoir son talent dramatique.

La scène entre Médée et Jason est une des principales. Quand Jason, se reprochant à lui-même d'avoir volontairement imposé à ses enfants une vie de fatigues et de privations, et ne pouvant supporter de les voir exposer à la honte et à l'injure, dit qu'il peut les soustraire à leur malheur, pourvu que leur mère se sacrifie à leur salut, je demandais avec empressement : « Comment? — En rompant notre mariage, » répondait Jason. A une telle proposition, je demeurais comme atterrée, puis essayant de me contenir, je disais avec une ironie mal réprimée :

Ah! me répudier!...

et mon œil s'injectait de sang tandis que l'orage se déchaînait en moi.

Je ne pourrais énumérer brièvement ici les mille rapides alternatives de sentiment qui rattachent aux vers précédents celui dans lequel je m'écriais avec ironie :

Quel plan ingénieux!

Alors, m'exprimant avec l'accent de haine et de vengeance qui, d'après le caractère indompté de Médée, devait inspirer toutes mes paroles dans le développement de la scène, je laissais éclater la colère que j'avais, avec tant de peine, contenue en moi. Faiblesse, amour, tout disparaissait, et le juste ressentiment d'une âme méprisée, avilie, trompée dans ses sentiments les plus chers et les plus sincères, je l'exprimais avec la férocité d'un tempérament barbare :

> ... Oui, que ta trahison
> Me déchire le cœur, me chasse, me remplace,
> Je le conçois, ce crime est commun à ta race !
> Mais parler de tes fils et de leur sûreté,
> Quand tu n'as dans le cœur que ta brutalité,
> Et, mêlant leur candeur à tes plans d'adultère,
> Abriter tes amours sous ton titre de père !
> Voilà qui passe tout et tu me fais horreur!

Après le refus absolu opposé à Jason de consentir à la dissolution de notre mariage, m'apercevant à ses dures et insultantes paroles qu'il ne méprisait pas seulement ma colère, mais que tout sentiment d'affection pour moi était éteint en lui, j'en demeurais malgré moi angoissée. Mais j'exprimais la plus grande douleur quand Jason, fatigué de mes reproches, sans s'inquiéter de mon refus, m'affirmait que, dès le lendemain, je serais exilée, que Créuse deviendrait sa femme et que les vents, qui pousseraient mon navire, m'apporteraient les chants de leur hyménée. Ces menaces me laissaient comme pétrifiée. La haine la plus cruelle succédait à l'amour. Les paroles suivantes sortaient de mes lèvres comme une lave enflammée :

>Du sang ! du sang !... Briser... torturer son cœur !...
>[Oui !...
>Quelque chose d'affreux... d'atroce... d'inouï !...
>Un supplice inconnu de la nature humaine,
>Enfin, qui soit égal, s'il se peut, à ma haine !

Et, comme une bête sauvage prise au passage, je me mettais à tourner sur la scène comme si j'eusse cherché un nouveau et terrible moyen de vengeance... La voix même de mes enfants accourant au-devant de moi et m'appelant leur mère ne calmait pas ma fureur, car, en les entendant dire :

>C'est nous... tes fils... entends,

je répondais avec véhémence :

>Les enfants de Jason ne sont pas mes enfants !
>   LYCAON.
>Tu ne nous aimes plus?

je répondais :

>   Non ! Race funeste !
>Laissez-moi ! Je hais tout, vous plus que tout le reste,
>Parce qu'il vous créa, que je vous tiens de lui !
>Que vous lui ressemblez !

Puis remarquant le visage attristé des deux enfants, après que j'avais dit :

> Tu me poursuivras donc même avec ton image,
> O Jason !... et tes fils...

l'autre sentiment qui s'était endormi en moi se réveillait et je répétais avec émotion :

> Tes fils! Non ! non ! les miens !

et leur ouvrant les bras, je les laissais s'y précipiter avec transports.

Puis, tombant sur un banc, je prenais sur mes genoux le plus petit des deux et serrais l'autre contre ma poitrine, formant ainsi un groupe qui impressionnait beaucoup l'auditoire.

Cet accès de tendresse maternelle durait encore, quand je disais sur un ton plaintif :

> Moi qui vous aime tant, qui n'ai que vous au monde !
> . . . .
> Vous haïr !.. vous chasser !.. misérable !.. et pourquoi !
> . . . .
> Qu'êtes-vous pour Jason, pauvres fils de Médée ?
> J'aurais brisé mon cœur sans effleurer le sien !
> Est-ce qu'il vous connaît ? Est-ce qu'il connaît rien ?
> A-t-il donc maintenant autre chose dans l'âme,
> Qu'un souvenir, un nom, un amour... cette femme,
> Sa Créuse...

9.

En prononçant ce nom, je sentais toutes les fureurs de la jalousie se réveiller en moi. Mes enfants, effrayés de ce changement soudain, s'enfuyaient de mes bras. Alors, restée seule, en proie aux projets de vengeance les plus cruels, je prenais rapidement la résolution de poignarder ma rivale :

Le poignard ?.. C'est plus sûr : le cœur guide les coups..
Et du poison, d'ailleurs. mon bras serait jaloux !

En voyant le poignard que je prenais sous mon manteau, je m'écriais avec une joie féroce :

Oh ! joie !...

Puis la voix sourde, je reprenais d'un ton prudent :

... Quand le long du mur sombre,
Dans sa chambre, ce soir, j'entrerai comme une ombre ;
Que je la verrai là, dans son lit, sous ma main,
Cette odieuse Grecque, et que sur son beau sein
S'abattant tout à coup, l'impitoyable lame
Au fond de sa poitrine ira chercher son âme,
Qu'elle ouvrira les yeux et qu'elle me verra ;
Qu'à ses cris, le palais soudain s'éveillera,
Qu'accourront éperdus, amant, parents, famille,
Et qu'ils verront, debout sur le corps de leur fille,
Médée !...

Et, à ce dernier vers, je me levais de toute ma hauteur, de manière à paraître très grande, en tenant haut le poignard, comme si l'on devait à ma vue demeurer foudroyé. A l'arrivée inattendue de Créuse, l'idée d'assouvir à l'instant ma vengeance me remplissait de joie, et je me cachais promptement derrière une colonne pour me jeter sur elle au moment favorable. En courant sur Créuse pour la surprendre, je me rencontrais avec elle : la malheureuse, inquiète de moi, venait dans le généreux dessein de me prévenir que la foule ameutée assiégeait le palais pour s'emparer de ma personne :

Mais c'est vous que poursuit leur fureur éperdue !
Qu'ils franchissent ce seuil, et vous êtes perdue !
J'accours...

MÉDÉE.

— Pourquoi ?

CRÉUSE.

— Pourquoi ? Pour vous sauver !

Une telle réponse désarmait la haine de Médée, qui, revenant à des sentiments dignes de sa race royale, s'écriait avec admiration :

Vous ! vous ! me sauver !... me sauver !

Puis, mes yeux tombant sur le poignard que je brandissais, je le cachais sans rien dire, honteuse de moi-même.

Après cela, j'avais avec Créuse une courte scène, dans laquelle je la priais et je la suppliais avec angoisse de me laisser cet homme qui était tout ce que j'avais sur la terre ; mais, à ses refus répétés, ma haine renaissait plus puissante, et j'allais me précipiter sur elle pour la tuer, quand, aux cris de sa fille, Créon, effrayé, arrivait suivi de son peuple.

Dans la dernière scène, après m'être emparée des enfants, je les tenais serrés contre moi, pour qu'ils ne me fussent pas enlevés par la foule qui, furieuse, allait me jeter les pierres qu'ils tenaient dans leurs mains, quand Orphée arrivait et disait d'une voix qui en imposait :

> Que celui d'entre vous qui n'aime pas ses fils
> Arrache le premier ces enfants à leur mère !

A cette vue le peuple, pris de respect, se retirait, et les pierres tombaient des mains. Créon, Jason et Créuse restaient dominés par la fascination qu'exerçait le divin poète. Rassurée par les paroles d'Orphée, qui me montrait du geste un passage sûr, je couvrais de mon manteau mes deux enfants et je m'éloignais satisfaite en murmurant à part : « J'ai trouvé ma vengeance ! » Je n'insisterai pas sur l'effet que toutes ces situations produisaient sur le public.

Les arrangements de la scène pour ma première entrée du III° acte, avaient été pris d'une façon vraiment artistique. A droite des spectateurs une longue tente placée selon le style grec indiquait l'entrée d'un appartement auquel on montait par un court escalier.

Au lever du rideau, Jason écoutait avec impatience les reproches d'Orphée. Créuse arrivait en conduisant les deux enfants tout heureux de ses caresses. Groupe familial, scène d'expansion, de tendres sentiments envers les enfants que Créuse désire adopter comme les siens propres. C'est avec ces joyeuses espérances que Jason s'éloigne, suivi des êtres qui lui sont chers, tandis que derrière eux vient le triste Orphée. A ce moment-là, je me montrais sur le seuil de mon appartement ; je descendais un des degrés de l'escalier, et, soulevant de la main droite la large toile, je restais dans la pénombre à observer froidement cette nouvelle preuve de la trahison du vil Jason.

Le court monologue que je disais me montrait toujours plus ferme dans mes projets de vengeance ; je n'attendais que la tombée de la nuit pour m'enfuir furtivement avec mes enfants pendant qu'on danserait au palais à l'occasion des heureuses noces de Créuse.

Je prononçais cette dernière période avec une sorte de dérision sarcastique comme quelqu'un qui préparait à ces fêtes une suite inattendue.

Là-dessus Orphée revenait m'apporter un ordre de Créon. Il m'annonçait que, d'après les réponses faites par l'oracle au roi, la présence de Médée à ces noces était déclarée funeste ; en conséquence, il m'était enjoint de partir sur-le-champ, mais sans mes enfants. Une pareille nouvelle me brisait le cœur, car j'aimais mes enfants plus que ma haine, — et je suppliais Orphée d'intercéder auprès du roi pour qu'il me les laissât. Dans la scène suivante, tout faisait tressaillir les fibres humaines de cette femme mise à si dure épreuve ; combien il était difficile de rendre selon la vérité un si étrange personnage en mettant en évidence, avec des teintes analogues, l'éternel contraste des sentiments qui l'agitent incessamment !

En voyant que mes supplications et mes prières étaient vaines, après m'être humiliée encore à conjurer l'inflexible Jason de me laisser emmener nos enfants, en apprenant qu'on ne m'en accordait qu'un des deux, je recommençais à adresser à Créuse, au roi et à Jason, les prières les plus touchantes et les plus pressantes. L'arrêt demeurait immuable. Alors me voyant abandonnée même par mes enfants qui se cramponnaient à Créuse dans la crainte de devoir me suivre, sourde à toutes les paroles de consolation qu'on essayait de m'adresser, j'exigeais qu'on me laissât seule avec ma douleur. Alors, m'apercevant que mes enfants étaient aussi partis, je m'écriais le cœur déchiré :

Mes enfants !... Mes enfants !...

et je tombais comme privée de sens sur les degrés de l'autel de Saturne. Après une courte pause, je commençais le magistral monologue :

> Seule !... me voilà seule au monde !... Plus de père !...
> Plus d'enfants !... Plus d'époux !... plus rien !
> Tu pleures, toi ?

Au désespoir succédait la honte, et je rougissais en regardant mes mains mouillées des larmes dont mes yeux étaient remplis ; je m'écriais :

> Et Jason ?... Il triomphe ! Oui !... Oui ! grâces à moi,
> Voilà de tous ses vœux la mesure remplie !...
> Notre hymen lui pesait, c'est moi qui l'en délie !
> Il voulait mes deux fils, je les lui rends ! Ma main
> L'unit à sa maîtresse...

Ensuite, à mesure que je me rappelais la série des maux soufferts, tourmentée encore par le souvenir d'avoir moi-même, inconsciemment, promis à Jason la réalisation de son bonheur, la colère me gagnait de nouveau, et, en disant : *Ma main l'unit à sa maîtresse*, je me dressais sur mes pieds en secouant résolument la tête, comme si j'eusse voulu me débarrasser de la honte qui semblait devoir m'écraser. Et, en me figurant l'ivresse de leur amour, de leur bonheur, je rugissais comme une lionne blessée :

> ... Dieux d'enfer !...
> A mon aide !... du sang !... des pleurs !... des cris !..
> [du fer !

A partir de ce moment, je décidais de les exterminer tous :

> Ce que je tenterai, je n'en sais rien encore !
> Mais je veux qu'un forfait que l'univers ignore
> Étende autour de moi sur ce sol frémissant
> Un large voile noir, tout parsemé de sang.
> Je veux que ce Jason, et Créuse, et son père,
> Mes fils même !...

Ma fureur s'adoucissait un peu au tendre souvenir de mes enfants, et je frissonnais à l'idée de les tuer de ma main... Mais en réfléchissant qu'ainsi je pouvais infliger à Jason une douleur éternelle, je surmontais le cri de la nature en donnant aux vers suivants toute la force de la rage qui ne craint plus rien :

> . . . .
> Pourvu que Jason souffre un éternel martyre,
> Et que par mon forfait lui créant des bourreaux,
> Je déchaîne sur lui tous nos dieux infernaux !
> O pâles déités de la sombre Tauride !...

Et, me tournant impétueusement vers la statue de Saturne, j'éclatais en imprécations furieuses :

> Toi surtout, Dieu sanglant du culte infanticide,
> Saturne ! écoute-moi ! Tes autels désolés
> Aiment le sang des fils par leur mère immolés.
> Eh bien ! je t'offrirai cet affreux sacrifice !...
> Mais, pour prix d'un tel coup, je te veux pour complice !
> Attache à ce Jason un immortel vautour !
> Double pour sa Créuse... oui... double son amour
> Pour doubler ses regrets ! Rends-le bon ! rends-le père,
> Pour qu'il pleure ses fils comme pleure une mère !...
> Et qu'enfin, seul, errant, fou d'horreur et d'effroi,
> Il vive et meure aussi désespéré que moi !...

A ce moment les enfants reparaissaient ramenés par la nourrice de Créuse. A cette vue, je m'arrêtais comme épouvantée du serment proféré ; j'ordonnais qu'on les éloignât de moi comme si je craignais de me voir forcée de les immoler à une implacable divinité. Mais en apprenant que Jason les attendait à l'autel, comme pour les rendre témoins de son parjure, toute pitié s'en allait, je recourais à mes fureurs et, résolument, je les faisais s'approcher de moi.

MÉDÉE.

J'avais combiné qu'après les vers :

Ah ! vous avez raison !.. l'heure fuit... le temps presse !..
Qu'ils viennent...
             ... Allons, pas de faiblesse !...
Que le père et les fils, frappés des mêmes coups...

Mélanto et Lycaon se jetteraient à mes genoux, qu'ils presseraient de leurs petites mains, en levant sur moi leurs yeux suppliants. Émue à cette étreinte, je détournais mon bras déjà prêt à frapper... ma voix s'attendrissait... mes mains, en tombant, rencontraient les leurs... et ce contact me remplissait l'âme d'une telle douceur que, toute idée de vengeance s'évanouissant, je m'écriais vivement émue et d'une voix qui débordait d'affection :

Leur main ! leur douce main !... C'est elle... Elle me
[touche !
Je sens... je sens mon cœur défaillir... et ma bouche...
Ma bouche... malgré moi... se penchant vers la leur...

et je me penchais sur eux pour les embrasser... mais le serment fait à Saturne me revenant à la mémoire..., je me tournais vers son autel comme pour lui demander un court moment de joie avant de frapper le coup fatal...

Puis, comme je regardais de nouveau mes fils, le sentiment maternel se réveillait en moi dans toute sa puissance... Après une rapide lutte contre moi-même, je m'écriais dans un éclat de plainte et d'ivresse :

> ... Non ! c'est trop de douleur !
> Loin de moi, noirs desseins ! loin de moi, haine impure !
> . . . .
> J'ai retrouvé mes fils !

A ces mots, je tombais à genoux devant eux en les couvrant de baisers et en les serrant avec transports contre ma poitrine. — Là-dessus, Orphée accourait en hâte pour me presser de me mettre en sûreté avec mes enfants. J'acceptais avec joie la fuite projetée... Quand tout à coup nous entendions des cris lointains et confus... une servante arrivait en courant, les cheveux en désordre, nous annoncer que Créuse se mourait, empoisonnée par un voile ! Désolée, je criais :

Oui, le mien, celui que j'ai donné !

Orphée furieux :

Malheureuse ! sois donc ta première victime,
Que tes fils arrachés de tes bras par ton crime...

Je saisissais alors le petit Mélanto, je l'emportais en entraînant à mon autre main Lycaon. J'essayais de m'échapper en fuyant vers ma droite; les cris de la foule menaçante me faisaient reculer épouvantée. En vain j'essayais de m'ouvrir un passage du côté opposé; les cris : « A mort! à mort! » qui faisaient retentir le palais m'obligeaient à chercher une autre route. Mais à ce moment, la foule se précipitait comme un torrent de tout côté, en cherchant à m'enlever mes fils, par ordre absolu du roi qui avait dit : «Saisissez-les! Saisissez-les! A mort! » Mais désespérée, je m'écriais : « Vous ne les aurez pas! » et d'un bond, je me jetais violemment sur l'autel de Saturne entraînant mes malheureux enfants. Le peuple furieux s'avançait sur moi, m'entourant de toutes parts, et un cri d'horreur échappé de toutes les poitrines annonçait que le sacrifice néfaste était consommé. Alors, devant un tel spectacle, la foule reculait et laissait voir au public Médée et ses fils égorgés à ses pieds, Médée, le regard éteint, l'œil mort, et repliée sur elle-même, dans l'attitude qui convient à la statue du remords.

Après un court moment de terreur générale, la voix de Jason accourant disait :

Laissez-moi !
N'approche pas !

répondait Orphée.

Mes fils !

répétait Jason.

Morts !...

disait douloureusement Créon.

Et entrant en scène, le malheureux Jason s'écriait :

Morts ? Qui les a tués ?

« Toi ! » lui répondait Médée en se redressant imposante et fière, un bras tendu vers Jason comme l'inexorable Destinée.

Je me suis appliqué à l'étude de ce sujet avec un puissant transport de volonté ! Pour me servir d'une phrase banale, je considérai cette tragédie comme devant être mon cheval de bataille. J'étudiai et approfondis le contraste de deux passions qui, si elles ne sont pas communes, ne sont pas non plus extraordinaires : la jalousie et la haine ; de l'une et de l'autre devant nécessairement naître la vengeance. C'était une étude exemplairement philosophique qui trouvait son origine et son explication dans les tendances de l'âme humaine. J'ai cherché à l'exprimer de la meilleure manière que je le pouvais ; en revenant sur mon passé et me sentant revivre dans les impressions de ces heures-là, il me semble avoir compris ce rôle autant que je le devais et le pouvais.

CHAPITRE VI

PHÈDRE

Les difficultés que j'ai rencontrées dans l'étude de la *Myrrha* d'Alfieri pourraient laisser supposer que le rôle de Phèdre m'a été plus facile; cela est vrai en partie, parce que les contrastes de ce dernier rôle sont moins violents. Ma tâche dans Phèdre n'a pourtant pas été aisée et j'ai dû analyser ce personnage dans ses moindres sentiments.

On sait que Phèdre et Myrrha sont, l'une et l'autre, victimes de la malédiction de Vénus.

Mais les effets de la malédiction qui pèse sur deux natures si différentes doivent se manifester de façon également toute différente.

L'une est une jeune fille pure qu'une puissance invincible et surnaturelle pousse à une passion fatale, qui meurt par horreur pour cette passion et pour ne pas devenir coupable. L'autre est une femme consciente de ses actes, qui peut juger les résultats monstrueux de sa passion, qui ne la combat point et ne veut se laisser mourir que parce que son amour, révélé, n'est pas partagé. Myrrha meurt parce qu'elle ne trouve pas dans sa jeune et faible nature la force de sortir victorieuse de son ardente passion, tandis que Phèdre, fascinée, affolée par la beauté d'Hippolyte, avoue de sa propre bouche, en termes brûlants, dans un accès de passion furieuse, l'amour qu'Hippolyte lui a inspiré; et ce qui la conduit à la mort, ce n'est pas le remords d'avoir livré Hippolyte au courroux de son père par sa fausse accusation, c'est le fait qu'une autre femme lui est préférée. Racine fait précéder l'entrée de Phèdre, au Ier acte, de quelques vers de la nourrice Œnone, qui la montrent presque mourante et désireuse seulement de revoir la lumière avant de mourir:

ŒNONE

— Hélas ! Seigneur, quel trouble au mien peut être
[égal?
La reine touche presque à son terme fatal!
En vain à l'observer jour et nuit je m'attache,
Elle meurt dans mes bras d'un mal qu'elle me cache.
Son chagrin inquiet l'arrache de son lit.
Elle croit voir le jour ; et sa douleur profonde
M'ordonne toutefois d'écarter tout le monde.
Elle vient...

En effet, Phèdre entre en scène, pâle, abattue, chancelante et soutenue par des servantes, n'ayant pas même la force de parler.

Le but de mon étude était de trouver la vraie intonation à donner à ma voix, autant que la juste expression de l'état de Phèdre. L'abattement de celle-ci provenait d'un effet surtout moral, qui causait, il est vrai, en elle une lassitude momentanée du corps; mais Phèdre devait ensuite reprendre toute sa vivacité, à la nouvelle d'un joyeux événement.

Pour exprimer son ennui, son abattement, je devais donc m'en tenir à une espèce de récitation plaintivement monotone. C'était seulement quand la corde de la profonde douleur qui la consumait vibrait douloureusement, que ma voix montait tout à coup comme sous une impulsion involontaire, puis s'éteignait subitement dans ma poitrine, comme si la force de continuer me manquait. Par exemple, Œnone reproche à Phèdre de s'abandonner à une douleur secrète qui la tue, et de causer ainsi le malheur de son fils :

ŒNONE

Vous offensez les dieux auteurs de votre vie ;
Vous trahissez l'époux à qui la foi vous lie ;
Vous trahissez enfin vos enfants malheureux,
Que vous précipitez sous un joug rigoureux.
Songez qu'un même jour leur ravira leur mère
Et rendra l'espérance au fils de l'étrangère,
A ce fier ennemi de vous, de votre sang,
Ce fils qu'une Amazone a porté dans son flanc,
Cet Hippolyte...

PHÈDRE

Ah ! Dieux !...

ŒNONE

Le reproche vous touche !

PHÈDRE

Malheureuse ! Quel nom est sorti de ta bouche !

En écoutant ces vers, je restais d'abord comme insensible ; aucun des reproches d'Œnone ne semblait m'émouvoir, pas même quand elle parlait des enfants. Mais quand elle en arrivait au vers :

... Et rendra l'espérance au fils de l'étrangère...

mon corps commençait à trembler; pendant qu'elle disait les deux vers suivants :

A ce fier ennemi de vous, de votre sang,
Ce fils qu'une Amazone a porté dans son flanc...

ma prostration cessait, ma tête se relevait, toute ma personne tremblait, mais à

Cet Hippolyte!...

en entendant résonner à l'improviste ce nom fatal, le sentiment qu'il provoquait se manifestait par un cri :

Malheureuse! quel nom est sorti de ta bouche!...

et je retombais sur mon fauteuil. Cette scène est entièrement imitée d'Euripide.

Lorsque, sur les supplications réitérées d'Œnone, je me décidais à lui confier mon angoisse, ma voix sortait à peine et ne commençait à devenir plus forte que quand, sur un ton plaintif, je déplorais le sort de ma mère et de ma sœur, toutes deux victimes de la haine de Vénus; et, à la question effrayée d'Œnone :

Aimez-vous ?

je répondais d'une voix désespérée de bête blessée :

De l'amour j'ai toutes les fureurs !

mais le plus grand élan arrivait après les paroles d'Œnone :

Hippolyte ! grands dieux !...

auxquelles je répondais avec un ressentiment impétueux :

C'est toi qui l'as nommé !

Alors, faisant une longue pause, je restais dans une attitude dédaigneuse. Puis, après cet accès violent, les forces m'abandonnant de nouveau, je me laissais encore retomber sur mon siège.

Ensuite, quand, après avoir regardé autour de moi pour m'assurer que personne ne m'écoutait, je commençais à raconter l'origine de mon fatal amour et tous les prétextes que j'avais imaginés pour éloigner Hippolyte, je parlais d'abord à fleur de lèvres, pour montrer l'état de prostration dans lequel m'avait mise la crise précédente. Puis, à mesure que mon récit avançait, je m'animais peu à peu, et, au moment d'exprimer la douceur ineffable que me causait le souvenir des traits adorés d'Hippolyte, mon visage s'illuminait :

> En vain sur les autels ma main brûlait l'encens,
> Quand ma bouche implorait le nom de la déesse,
> J'adorais Hippolyte ; et, le voyant sans cesse
> Même au pied des autels que je faisais fumer,
> J'offrais tout à ce dieu que je n'osais nommer...

A l'entrée de la servante Panope, je recomposais avec dignité mon visage bouleversé ; et dès qu'elle m'annonçait la mort de Thésée, toute ma personne changeait subitement d'aspect, exprimant le mélange de stupeur, de surprise, de joie mal cachée, que me causait la disparition subite de l'obstacle qui empêchait la réalisation de mes vœux. Je tâchais de me contenir et de cacher ce qui se passait en moi, même à la fidèle Œnone. Enfin, après la sortie de Panope, j'écoutais les paroles caressantes d'Œnone avec la complaisance de celui qui voit tout à coup briller devant lui un bonheur inespéré, et n'ose y croire, de crainte qu'il ne s'évanouisse comme un beau rêve.

Pendant le discours d'Œnone, qui essaye de me persuader que je pourrais désormais voir Hippolyte sans crainte, que mon amour devient un amour comme les autres, l'obstacle qui le rendait criminel ayant disparu, je me tournais de façon qu'elle ne pût voir mon visage. Ainsi, je pouvais, par un jeu correspondant aux sentiments qui se combattaient en moi, faire connaître au public comment les paroles de la fidèle nourrice, ainsi qu'un baume bienfaisant, me rendaient à la vie et à l'amour.

Ensuite, cachant la vraie raison de ce changement, je donnais à entendre que l'affection pour mon fils me décidait seule à continuer à vivre; et, me faisant précéder par Œnone, ma main droite appuyée sur son épaule, j'abandonnais la scène à pas lents, comme si mes membres n'avaient pas encore retrouvé leur vigueur accoutumée.

La Harpe prétend que, réellement, Phèdre s'est décidée à vivre par amour pour son fils; mais je ne partage pas cet avis, et les expressions de Phèdre dans la scène où elle avoue son amour à Hippolyte, me confirment dans mon opinion dont je vais essayer de montrer la justesse.

Au IIe acte, dans l'admirable scène du rendez-vous entre Phèdre et Hippolyte (acte II, scène III), scène imitée de Sénèque mais développée par Racine avec une plus grande entente du théâtre, j'arrivais d'un pas incertain, poussée et encouragée par la nourrice Œnone pour recommander mon fils à Hippolyte; ce motif me paraît être un simple prétexte imaginé par la reine pour sonder les sentiments d'Hippolyte. S'il en était autrement, Phèdre, qui redoutait à un tel point le terrible ascendant qu'Hippolyte exerçait sur elle et l'espèce de fascination qu'il lui inspirait, aurait évité toute occasion de l'approcher, dans la crainte de se trahir et de se perdre. Convaincue de cela, je commençais la scène en parlant lentement, et je lui disais avec effort :

..... A vos douleurs je viens joindre mes larmes ;
Je vous viens pour un fils expliquer mes alarmes.

La ponctuation qui indique l'interruption de ces paroles et qu'a adoptée dall'Ongaro, prouve bien que le poète traducteur était de mon avis, et les vers suivants de Racine lui-même me donnent encore raison :

Quand vous me haïriez, je ne m'en plaindrais pas,
Seigneur, vous m'avez vue attachée à vous nuire,
Dans le fond de mon cœur vous ne pouviez pas lire ;
A votre inimitié j'ai pris soin de m'offrir,
Aux bords que j'habitais je n'ai pu vous souffrir.
En public, en secret, contre vous déclarée,
J'ai voulu par des mers en être séparée.
J'ai même défendu par une expresse loi
Qu'on osât prononcer votre nom devant moi.
Si pourtant à l'offense on mesure la peine,
Si la haine peut seule attirer votre haine,
Jamais femme ne fut plus digne de pitié
Et moins digne, Seigneur, de votre inimitié.

Le sens de ces quatre derniers vers n'implique certainement pas une femme qui veut cacher son véritable sentiment, mais qui, au contraire, par des circonlocutions à double entente, se prépare à les exprimer dans toute leur vérité.

Convaincue, comme je l'ai dit plus haut, de la justesse de cette explication, je trouvais qu'il fallait prononcer ces paroles à double sens, avec des éclats d'ardeur mal réprimée, en les accentuant, non seulement de la voix, mais aussi du regard, et en m'efforçant de contenir la passion qui me dévorait et allait se découvrir. Ensuite, par des gestes à peine dessinés, je laissais deviner au public ma douleur de n'être pas comprise d'Hippolyte. Et lorsque celui-ci essaye de l'excuser de la haine qu'elle lui a portée, en lui disant qu'à sa place, toute autre femme aurait agi de même, par amour pour son propre fils, envers le fils d'un autre lit, sentant alors que ma résolution de me contenir commençait à faiblir, j'essayais de me faire comprendre, sans toutefois me découvrir complètement, en disant avec un léger ton d'impatience :

> Ah ! Seigneur, que le ciel, j'ose ici l'attester,
> De cette loi commune a voulu m'exempter !
> Qu'un soin bien différent me trouble et me dévore.

A partir de ce moment, suivant les progressions de la scène, et ne pouvant plus contenir la passion qui débordait en moi, comme un torrent gonflé se précipite hors de son lit, je laissais éclater toute la violence de ma fureur. La voix, les gestes, l'accent, tout devait exprimer l'état de la femme qui, folle d'amour, abandonne toute pudeur, toute retenue, toute dignité, pour obtenir le bonheur que sa passion coupable lui fait ardemment désirer. Mais ensuite, quand je me voyais méprisée par Hippolyte, mes regards et les frémissements de mon corps devaient me présenter comme une Furie irritée. Rapidement, je ramassais le fer qu'Hippolyte avait laissé tomber quand, dans un mouvement de dégoût et d'indignation, il s'était précipité sur moi pour me tuer, et je le dirigeais contre ma poitrine. Alors Œnone, qui avait assisté à la scène sans être vue, effrayée, s'élançait vers moi, m'arrêtait le bras qu'elle ne réussissait cependant pas à désarmer, et m'entraînait de force dans mes appartements.

Cette scène avec Hippolyte est d'une hardiesse qui la rend très difficile pour l'actrice chargée du rôle : car si elle dépassait, d'une ligne, les limites prescrites par la convenance scénique, le spectateur trouverait la scène repoussante.

La 1re scène du IIIe acte, entre Phèdre et Œnone, n'est qu'une succession continuelle de remords, de colères, d'espérances, de craintes, d'illusions et de desseins contraires. Tantôt l'humiliation qu'Hippolyte fait subir à Phèdre le lui rend odieux, tantôt, elle l'excuse et se reproche à elle-même d'avoir jugé trop sévèrement un jeune homme, qui n'a pas l'expérience des lois de l'amour. Dans sa perplexité, elle imagine un moyen de tenter son cœur, en lui faisant dire par la fidèle Œnone qu'elle s'abandonne entièrement à lui. Mais quand la nourrice revient, attribuant sa pâleur et l'épouvante qu'elle lit sur ses traits aux refus d'Hippolyte, Phèdre éclate en une folie de désespoir.

C'est alors qu'Œnone, égarée, hors d'elle-même, m'annonçait que Thésée était encore vivant et allait arriver, je demeurais comme pétrifiée et c'était d'une voix à peine distincte que je disais :

> Mon époux est vivant, Œnone, c'est assez.
> J"ai fait l'indigne aveu d'un amour qui l'outrage.
> Il vit : je ne veux pas en savoir davantage.

Et ces mots : « C'est assez! » je les disais comme si je voulais faire entendre « que tout était fini pour moi ».

Puis, la terreur de me voir face à face avec l'époux outragé, et de ne pouvoir, par honte, supporter son regard, commençait à s'emparer de moi. Mon esprit s'égarait, tout ce qui m'entourait semblait prendre « voix et parole » pour découvrir mon crime à Thésée. D'un abattement physique et d'un égarement d'esprit presque complet, j'en devais arriver à rendre vraisemblable le consentement de Phèdre au plan infernal que lui propose Œnone; et j'y arrivais en me montrant vaincue par une épouvante sans limites, qui s'emparait de moi à l'approche de Thésée et d'Hippolyte.

Cet éclair, réveil d'une honnête nature, qui m'avait fait repousser avec horreur, un moment auparavant, l'infâme conseil que me donnait la nourrice, paraissait éteint. Ne pouvant plus éviter de rencontrer mon époux, je disais à Œnone quelques vers qui indiquaient la profonde douleur, le remords inconnu enfermé dans ma poitrine, aussi bien que la honte de paraître devant un époux outragé en présence de celui qui en a été la cause funeste. Et confuse, ne trouvant pas en moi la force de proférer d'autres paroles, je m'enfuyais précipitamment dans mes appartements...

Le IVe acte de cette tragédie est magistral et montre tout le génie de Racine, car là il ne s'est inspiré ni d'Euripide ni de Sénèque. C'est un trait à la Shakespeare, où il met à nu le cœur humain.

Pendant que Phèdre, dévorée de remords, venait en tremblant implorer la clémence de Thésée pour son fils et peut-être lui dévoiler la fausseté de l'accusation forgée contre Hippolyte, on lisait clairement sur mon visage et l'on devinait à ma manière de parler l'effort, la lutte que j'avais eu à subir avec moi-même pour me décider à cette démarche.

Tous les premiers vers de mon entrée en scène, je les disais d'un ton suppliant, les yeux baissés, sans avoir encore le courage d'affronter la colère de mon époux en lui avouant la vérité.

En apprenant de Thésée qu'Hippolyte osait attaquer la réputation de Phèdre et l'accuser de mensonge, je baissais davantage ma tête humiliée, comme si j'eusse désiré me cacher dans les entrailles de la terre ; mais, en l'entendant dire qu' « Aricie était la seule femme qu'Hippolyte avouait aimer et qui seule possédait son cœur et sa foi », il s'opérait sur toute ma personne, et avec le concours de l'art, une transformation si complète que le spectateur en restait interdit ; je n'écoutais plus Thésée, j'étais insensible à tout ce qui sortait de ses lèvres contre son fils, uniquement attentive à ce qu'il venait de me révéler.

Restée seule, je laissais peu à peu éclater la fureur que j'avais contenue en moi jusqu'à ce moment pour me pénétrer de la funeste vérité. Et, lentement, avec un ton d'ironie amère, avec un *crescendo* de voix, je prononçais ces vers dans lesquels sont révélés un à un tous les désespoirs d'un cœur déchiré :

> Aricie a son cœur, Aricie a sa foi !
> Ah ! Dieux ! lorsqu'à mes vœux l'ingrat inexorable
> S'armait d'un œil si fier, d'un front si redoutable,
> Je pensais qu'à l'amour son cœur toujours fermé
> Fût contre tout mon sexe également armé ;
> Une autre cependant a fléchi son audace,
> Devant ses yeux cruels une autre a trouvé grâce.

Au mépris, presque simulé, succédait un accès désespéré de fureur, où je disais :

> Je suis le seul objet qu'il ne saurait souffrir !

et ne pouvant plus contenir mon dépit furieux, je tournais sur la scène comme une folle, jusqu'à ce que, voyant arriver Œnone, je cours au-devant d'elle, pour lui communiquer ce que je venais d'apprendre. Avec une rage sauvage, je lui énumérais mes tourments, mes égarements, mes douleurs, pour lui prouver que tout cela n'était rien en comparaison de la souffrance qui me déchirait le cœur. Quand la révélation que venait de me faire Thésée se présentait de nouveau à mon esprit, ma fureur jalouse n'avait plus de bornes. Le cœur atteint par la jalousie, je ne voyais plus devant moi que l'image de la rivale préférée, heureuse, dans un doux entretien avec Hippolyte... Et il me semblait que j'allais mourir.

L'idée de la vengeance me poursuivait. Je donnais d'abord à Œnone l'ordre de tuer Aricie, puis je voulais la frapper de ma main. Ensuite, me rappelant combien j'étais coupable, je rentrais pour un instant en moi-même. Puis, pensant de nouveau à mon immense faute, « ne respirant qu'inceste et mensonge », et voulant plonger ma main vengeresse dans un sang innocent, je perdais de nouveau tout pouvoir sur moi-même. Je ne voyais, je ne distinguais plus rien, et mon délire me conduisait devant mon père Minos, le juge des Enfers. Il me semblait déjà voir ses mains laisser tomber l'urne fatale dans laquelle sont les décrets des peines réservées aux morts, afin d'inventer pour moi des peines plus terribles. Je faisais semblant de le voir se précipiter sur moi et me traîner par les cheveux, et, dans l'effort que je faisais pour échapper à cette étreinte, je me prenais la tête en essayant de fuir en criant :

> Pardonne ! un dieu cruel a perdu ta famille.
> Reconnais sa vengeance aux fureurs de ta fille.
> Hélas ! du crime affreux dont la honte me suit,
> Jamais mon triste cœur n'a recueilli les fruits !
> Jusqu'au dernier soupir de malheurs poursuivie,
> Je rends dans les tourments une pénible vie !

et je tombais évanouie.

Après une longue pause, j'avais préparé un effet de scène par lequel Œnone devait s'agenouiller à mes côtés, et, avec des paroles compatissantes et persuasives, soulever peu à peu mon corps sans vie et l'appuyer sur ses genoux.

Quant à moi, retrouvant lentement et graduellement mes sens, je repoussais la nourrice, qui voulait m'excuser d'un crime que les dieux eux-mêmes, disait-elle, avaient commis.

Puis, tout à fait forte maintenant, je m'éloignais d'elle en la chassant avec colère et mépris, en passant de l'autre côté de la scène, suivie par Œnone qui se traînait en suppliant à mes pieds. C'était au comble de la fureur, que je prononçais les splendides et si justement célèbres invectives de Racine :

> . . . . Va-t'en, monstre exécrable,
> Va, laisse-moi le soin de mon sort déplorable!
> Puisse le juste ciel dignement te payer!
> Et puisse ton supplice à jamais effrayer
> Tous ceux qui comme toi, par de lâches adresses,
> Des princes malheureux nourrissent les faiblesses.
> Les poussent au penchant où leur cœur est enclin,
> Et leur osent du crime aplanir le chemin!
> Détestables flatteurs, présent le plus funeste
> Que puisse faire aux rois la colère céleste!

et je quittais la scène au paroxysme de la colère.

Dans le Ve acte, il n'y a aucune difficulté d'interprétation. Phèdre n'a qu'une courte entrée à la fin de la tragédie. Elle arrive soutenue par ses femmes, mourante, rongée par le poison qu'elle a avalé pour se soustraire à ses remords déchirants.

La voix éteinte, elle avoue à son époux sa passion incestueuse, et sa fausse accusation contre Hippolyte; à ce moment, je laissais voir que je sentais en moi les effets du terrible poison, les paroles arrivaient de plus en plus indistinctes sur mes lèvres, je tombais agonisante sur un fauteuil, le corps à demi abandonné entre les bras d'une servante, pendant que les autres s'agenouillaient autour de moi en signe de douleur profonde et de religieux respect.

CHAPITRE VII

TOURNÉE EN EUROPE

De Paris, nous nous rendîmes en Belgique après avoir donné quelques représentations dans le nord de la France, et nous fîmes ensuite une apparition à Dresde et à Berlin.

Lorsqu'en novembre, je me retrouvai en présence du public italien, je me vis accueillie par des démonstrations qui témoignaient du prix que mes compatriotes attachaient aux succès que les journaux leur avaient annoncés.

Je fus, durant l'hiver, invitée à donner à Vienne douze représentations au *Kærthner-thor*, vieux théâtre impérial. Je me présentai pour la première fois, le 14 février 1856, avec *Myrrha* d'Alfieri. Je n'aurais pu souhaiter une bienvenue plus chaleureuse. A chacune de mes représentations le théâtre regorgeait de spectateurs, et la Cour m'honorait souvent de sa présence. La première de *Marie Stuart* faillit me coûter cher. J'étais sous le coup d'une vive émotion parce qu'il s'agissait de lutter, dans ce rôle, avec les souvenirs laissés par de grands artistes allemands. La soirée avait pour moi une grande importance. La Cour et la Ville allaient faire la comparaison. Je suffoquais, dans ma loge, surchauffée par un de ces horribles poêles de fonte auxquels nous ne sommes point accoutumés. Un certain malaise s'était emparé de moi, et, tout à coup, tandis que je procédais à ma toilette, je m'aperçus avec terreur que la voix me faisait complètement défaut. Pendant qu'on courait à la recherche du médecin de service, j'ouvris toute grande la fenêtre donnant sur un bastion de la ville, et quoique je fusse à peine vêtue, au risque d'une fluxion de poitrine, j'aspirai à pleins poumons l'air glacial du dehors.

Le docteur arrive et se précipite pour fermer la fenêtre : « Êtes-vous folle? s'écrie-t-il.
— Docteur, faites-moi prendre du poison si vous voulez, mais rendez-moi ma voix. »

Grâce à un gargarisme énergique qu'il me prépara séance tenante, je pus, après une demande d'indulgence, remplir mon rôle tout entier. J'avais joué gros jeu, mais je n'avais pas manqué aux Viennois. Je raconte simplement cette anecdote pour montrer combien j'ai toujours été l'esclave de mon devoir. Dès ma jeunesse j'avais été élevée dans un saint respect du public. On m'avait appris à me dominer toujours, à ne point me laisser déconcerter par les accidents qui ne manquent jamais de se produire, même sur les scènes les mieux organisées.

Pour rien au monde je n'aurais consenti à faire subir une déception aux spectateurs, et je m'ingéniais à trouver des expédients contre les obstacles inattendus, afin que le spectacle restât digne du public et de moi. A ce propos je me rappelle qu'un soir dans *Judith* (tragédie biblique écrite pour moi par mon auteur favori, notre très regretté Paolo Giacometti), ma présence d'esprit fut mise à une rude épreuve.

C'était dans la situation la plus tragique de la pièce, après le meurtre d'Holopherne, lorsque son esclave préférée, Arzaël, en découvrant la mort de son amant, devait se jeter violemment sur moi, tandis que je la saisissais et la jetais à terre, terminant ainsi l'acte par un grand effet de scène. Quelques instants avant l'entrée que devait faire l'esclave, au moment de découvrir mon forfait, on me prévint, de la coulisse, que l'artiste venait d'être prise d'une attaque de nerfs. Immédiatement, sans perdre la tête, je donne l'ordre d'attifer à la hâte une figurante : en un clin d'œil elle est prête et lancée vers moi couverte d'un voile. La malheureuse (une pauvre petite Anglaise) ne se doutait pas de sa mission et était incapable de dire un mot en italien. Je l'attire adroitement de façon à faire croire qu'elle allait se jeter sur moi, et j'improvise une tirade en vers boiteux, — que M. Giacometti me le pardonne! — l'effet y était et la salle ne s'aperçut de rien.

Que de fois j'ai dû me tirer d'embarras dans ce grand rôle de Médée qui tenait presque toujours l'affiche lorsque nous ne donnions qu'une représentation dans une ville! Comme nous n'avions avec nous qu'un des fils de Jason, celui qui devait me donner la réplique, le régisseur avait à se procurer, sur l'heure, l'autre enfant qui, bien que son rôle fût muet, n'en devait pas moins prendre part à l'action.

J'étais réduite à le dresser en quelques instants pendant l'entr'acte et à lui faire comprendre, le plus souvent par signes, ce que j'attendais de lui. Parfois le petit malheureux prenait peur des feux de la rampe, du public, des applaudissements qui m'accueillaient dès mon apparition sur le praticable qui figurait la montagne. Quelle peine j'avais à le retenir dans mes bras, au risque de perdre l'équilibre! Nous avions beau placer dans la coulisse un membre de sa famille dont la présence devait le rassurer. Hélas! le moyen ne réussissait pas toujours. Une fois même toutes nos précautions devinrent inutiles : au dernier acte cet enfant, au lieu de rester couché sur les marches de l'autel de Saturne où je venais de le sacrifier avec son frère, tandis que je devais moi-même rester immobile comme pétrifiée, s'échappa tout épouvanté vers la coulisse en poussant des cris désespérés. Le public, tout à son émotion, n'en salua pas moins d'un immense éclat de rire le petit mort qui s'enfuyait. Le malheur était irréparable, il n'y avait plus qu'à baisser le rideau.

En avril 1856 je revins à Paris, et d'après ce qui avait été convenu l'année précédente avec Legouvé, on commença aussitôt les préparatifs pour mettre *Médée* à la scène le plus tôt possible. Le lecteur trouvera dans l'étude analytique de cette tragédie le récit détaillé des circonstances dans lesquelles elle se produisit, tant par rapport à l'acceptation du rôle qu'à la mise en scène de cette œuvre magistrale et au bruyant succès qu'elle eut à la salle Ventadour, le 7 avril 1856.

A Londres où, dès le 4 juin, je débutais par *Médée* à l'élégant théâtre du Lyceum, le public, si bien préparé par la presse française, allemande et belge, accourut en foule à mes représentations, me prodiguant ses témoignages d'estime et d'affection.

De plusieurs côtés on m'avait fait, de la part d'hommes de lettres, le reproche de ne pas avoir, dans mon répertoire une traduction de *Macbeth*, que je considérais moi-même comme le chef-d'œuvre du grand Shakespeare.

J'avais répondu que le nombre des personnages et les difficultés de la mise en scène, rendaient une pareille tentative inabordable pour une troupe étrangère et nomade. On chercha à me rassurer en me montrant qu'il était d'usage, en Angleterre, d'adapter les pièces aux conditions des troupes et aux exigences du public, soit en faisant des coupures, soit en supprimant des scènes et même des personnages ; mais on ne parvint pas à me persuader. « Nous autres Italiens, disais-je à mes conseillers, nous n'aurions pas même l'idée de porter une main sacrilège sur les beautés de nos classiques ; comment voulez-vous que, moi, étrangère, je me permette de retrancher une ligne de Shakespeare? » On insista néanmoins, et pour ne pas priver, disait-on, le public anglais de mon interprétation de *Macbeth*, on chargea un homme distingué, M. Clarck, d'une adaptation qu'on me présenta bientôt toute faite et dont j'obtins une admirable traduction en vers par notre poète Giulio Carcano. Dès l'année suivante (1857), je pus répéter *Macbeth* à Londres au Covent-Garden, où M. Harris, l'éminent régisseur, présida à la mise en scène d'après les traditions anglaises.

J'étais très préoccupé de la lourdeur de ma tâche, d'autant plus que je n'ignorais point les souvenirs profonds qu'avait laissés en Angleterre la merveilleuse création du rôle de lady Macbeth par la grande Siddons, dont la presse rappelait encore les glorieuses traditions. Je mis tout mon art et toute mon intelligence à comprendre et à exprimer, jusque dans leurs nuances les plus délicates, les intentions du grand génie anglais, et ses compatriotes trouvèrent que je m'étais si bien incarnée dans ce caractère perfide et grand à la fois, qu'ils n'hésitèrent pas à déclarer que j'avais surpassé leur attente. La pièce fut donnée plusieurs fois. L'impression sur le public, toujours profonde, se révélait surtout dans la grande scène du somnambulisme. J'ai peut-être payé cher la fidélité que je mettais à rendre les effets du sommeil, en m'imposant de maintenir toujours les yeux grands ouverts et mes pupilles dans une immobilité complète. L'affaiblissement de ma vue date de cette époque.

Je tiens à dire ici les difficultés que j'ai rencontrées dans l'interprétation de ce rôle et surtout la peine que m'a donnée la recherche des intonations vraies et des jeux de physionomie dans cette scène unique où il faut exprimer des remords dans un rêve de somnambule.

CHAPITRE VIII

ÉTUDE DU RÔLE DE LADY MACBETH

Je me trouvais là en présence, non pas d'un être ordinaire rempli de mauvaises passions, de violences faciles, mais bien d'un type de femme d'une corruption colossale, dissimulée, hypocrite, fixée par Shakespeare, avec une grandeur et une puissance d'hyperboles à épouvanter un talent dramatique fort supérieur au mien.

Quelques-uns remontant aux origines premières de la légende dont s'inspira Shakespeare, pensèrent que, chez lady Macbeth, l'amour pour son époux, dominait tellement qu'elle se laissa induire au crime, pour le voir régner.

L'examen de ce caractère m'a conduite à la conviction que l'amour pour Macbeth, était le dernier des mobiles de ses actes; que lady Macbeth n'était animée que de l'extrême ambition de régner avec son mari; que, connaissant l'infériorité d'esprit de Macbeth et la faiblesse de son caractère, elle ne fit que se servir de lui pour arriver à ses fins. Forte de la fascination qu'elle savait exercer sur lui, elle en profite pour l'amener au crime sous les formes les plus naturelles et à l'aide des raisonnements les plus insinuants et les plus persuasifs. Sans doute, Macbeth avait un caractère déjà enclin au mal, et Shakespeare a montré quels germes d'ambition, quelles chimères il caressait dans son esprit. Il les cachait seulement parce qu'elles lui semblaient impossibles à réaliser. On ne pourrait mieux dépeindre le caractère de cet homme que Shakespeare ne l'a fait dans une partie du premier monologue de lady Macbeth, qui, avec sa profonde perspicacité, l'avait pleinement deviné.

Peut-être pourrait-on admettre une tendresse aussi monstrueuse, si lady Macbeth n'avait pas partagé avec son mari le pouvoir et la grandeur royale ; mais, comme elle y a participé, je soutiens hautement que ce n'est pas seulement par amour et par ambition pour son époux qu'elle l'a poussé à un meurtre, mais surtout pour arriver elle-même au rang suprême qu'elle convoitait. La créature qui, prétendant savoir combien est grand l'amour qu'on éprouve pour le fils qu'on a nourri de son lait, est capable de déclarer sans horreur à son mari, qu'elle n'hésiterait pas à tenir son serment si elle avait juré de briser le crâne de son enfant, n'est pas une femme, elle n'est pas humaine, c'est un être pire que la bête sauvage et, comme telle, on ne peut admettre en elle l'existence d'un doux sentiment.

Cependant, ne voulant pas accepter comme infaillible ma conception du rôle, je ne cessai de faire des études et des recherches sur les appréciations de la tragédie et sur les interprétations des meilleurs artistes. Quels furent donc mon étonnement et ma satisfaction quand je lus, dans le *Nineteenth Century* de février 1878, la magnifique étude de l'éminent professeur de droit à l'Université d'Édimbourg, M. G. J. Bell, sur la façon dont la célèbre artiste anglaise, mistress Siddons, interprétait le rôle de lady Macbeth.

« Son esprit turbulent, écrit M. Bell, sa nature inhumaine font tout le mal. Elle entraîne Macbeth où elle veut et fait de lui un simple instrument qu'elle dirige à son gré en lui inspirant tout le complot. Comme le mauvais génie de Macbeth, elle le pousse dans la folle carrière de l'ambition et de la cruauté, devant laquelle, par sa nature, Macbeth aurait reculé. »

Les opinions diffèrent sur l'interprétation de la lecture du message que Macbeth envoie du camp à son épouse et que Shakespeare fait tenir par celle-ci lors de sa première entrée en scène. Plusieurs soutiennent qu'un message de son mari doit lui inspirer une curiosité si vive, qu'il n'est pas naturel qu'elle attende, pour le lire, de se trouver en face du public, et qu'elle doit en avoir pris auparavant connaissance.

A mon avis, au contraire, il est encore moins naturel et vraisemblable que Shakespeare, ce grand poète, et ce profond connaisseur des hommes, n'ait pas fait lui-même toutes ces réflexions, et qu'il ait recours au frivole expédient de faire lire par lady Macbeth la lettre sur la scène, uniquement pour faire connaître au public ce qu'elle renferme.

L'intention de l'auteur doit certainement avoir été que lady Macbeth semble avoir reçu le message au moment même où elle entre en scène, et le moyen est très facile et très naturel. En se présentant anxieuse, agitée, elle fait comprendre au public qu'elle attend de cet écrit la révélation d'importants événements, qui changeraient son existence et la transporteraient dans les plus hautes sphères.

Je pensais qu'il fallait lire cet écrit d'un trait. Par exemple, par le jeu de la physionomie, j'exprimais un étonnement superstitieux en lisant que les trois sorcières s'étaient évanouies dans l'air après avoir lancé leur prophétie et leur :

Salut, ô toi qui seras roi un jour !

La lecture achevée, je faisais une longue pause, comme si j'analysais le contenu fatidique de cette lettre si bien d'accord avec ce que mon destin m'avait fait entrevoir. Je restais triste, pensant à la nature faible de Macbeth; puis, revenant aux points saillants du message, je disais :

Et un temps viendra que tu seras roi !

Et je donnais une grande force et une expression de surnaturel au *tu seras*.

Plus tard, je fus très heureuse de lire, dans les intéressantes notes du professeur Bell, que miss Siddons accentuait de même fortement la même parole, en disant d'un ton prophétique exalté (*Exalted prophetic tone as if the whole future were present to her soul*), comme si tous les mystères de l'avenir se fussent entièrement révélés à son âme :

Tu es thane de Glamis et de Cawdor... tu seras aussi ce qu'on t'a prédit !

C'est donc là une preuve convaincante que la Siddons se rendait aussi compte de la nécessité d'analyser la lettre, d'en accentuer chaque phrase, de faire passer dans le public la profonde fièvre d'ambition qui lui donne une valeur mystérieuse; et l'on comprend que l'expression de lady Macbeth, si elle avait eu connaissance du message avant d'entrer en scène, aurait naturellement dû être toute différente.

Je trouvai logique de réciter les passages suivants, qui dépeignent si nettement le caractère même de Macbeth, comme si ce dernier eût été devant moi et que je pusse pénétrer de mes yeux jusque dans les replis de son âme, pour les y graver en caractères de feu.

Cependant je me défie de ta nature; tu as trop sucé le lait de la bonté humaine pour prendre le chemin le plus court. Tu veux être grand, tu n'es pas sans ambition, mais tu crois pouvoir arriver au sommet sans faire le mal nécessaire pour y parvenir. Ce que tu désires ardemment, tu voudrais l'obtenir par des moyens innocents; tu ne veux pas jouer un jeu déloyal et cependant tu n'es pas mécontent d'un gain illégitime. Thane de Glamis, tu aspires vers un bien qui te crie : « Voici ce qu'il faut faire pour me posséder. » Tu as peur de faire ce qu'il faut, et cependant tu ne sais pas désirer ardemment que cela ne soit point fait.

L'effrayant soliloque de la scène qui suit le

départ du messager, révèle l'infernale perfidie et la cruauté de ce monstre à forme humaine, et de quelles forces surnaturelles lady Macbeth est animée pour faire de son mari l'instrument de son ambition. Elle devient en un mot le mauvais génie de Macbeth. Il a beau lutter entre le *vouloir et ne pas vouloir*, la femme, le serpent qui a su s'emparer de lui l'étreint dans ses nœuds, et aucun pouvoir humain ne pourra l'en délivrer. Il faut donc commencer ce monologue d'une voix caverneuse, les yeux injectés de sang, avec l'accent d'un esprit qui sort des abîmes et le finir sur un *crescendo* de voix tonnante qui se change en une exclamation de joie exagérée à l'arrivée de l'époux.

Pendant cette première scène avec Macbeth, je croyais devoir garder un maintien froid, retenu et patient, nullement convaincue par les faibles refus de Macbeth d'écouter les insinuations criminelles de sa femme, persuadée qu'il ne tarderait pas de céder à son pouvoir. Aussi avais-je imaginé une contre-scène à la sortie des deux personnages, pour exprimer la puissante fascination que la femme exerçait sur le mari qui devait nécessairement céder à toutes ces insinuations. Macbeth semblait vouloir de nouveau m'interroger, me demander des explications plus complètes; je faisais alors passer son bras gauche autour de ma taille, je prenais sa main droite dans ma main gauche, et, posant l'index sur mes lèvres, je lui faisais signe de se taire, de tout laisser à mes soins; puis doucement je le poussais dans les coulisses auxquelles il tournait le dos : tout cela était exécuté avec un mélange de sentiments et de regards magnétiques aux charmes desquels Macbeth devait certainement céder.

Excessives doivent être ensuite l'hypocrisie, la feinte humilité de lady Macbeth quand elle va au-devant du roi Duncan et invite le bon vieillard à entrer dans le château.

Dans la scène suivante avec Macbeth, il est nécessaire de bien dessiner, de bien colorer d'abord, les façons perverses de lady Macbeth qui reproche à son mari sa versatilité pusillanime à ne plus vouloir ce qu'il considérait auparavant comme le comble de ses vœux;

ensuite, l'art infernal de persuasion qu'elle emploie pour lui faire trouver facile, simple et naturel le plan du crime et l'impossibilité qu'il soit découvert.

Les passages terribles sont nombreux dans cette scène magistrale : celui où lady Macbeth gronde son mari d'avoir quitté le souper à l'improviste, faisant ainsi remarquer son absence ; celui où, aux supplications de Macbeth de ne pas persévérer dans ses intentions criminelles, elle répond :

— Elle était donc ivre, l'espérance que tu nourrissais dans ton cœur ? Était-elle endormie et s'éveille-t-elle maintenant ? et pâlit-elle en voyant ce qu'elle avait d'abord voulu accomplir ?... Dès ce moment, j'apprécie toute l'étendue de ton amour. Trembles-tu à l'idée d'exécuter ce que ta valeur te conseille pour satisfaire tes désirs ? Tu aspires à la possession de ce que tu considères comme le but suprême de la vie et tu restes comme un lâche en face de toi-même, aiguillonné par le désir, retenu par la crainte, comme le renard de la fable! (Allusion au proverbe d'Heyhead (1566) : Le chat voudrait manger les poissons mais sans se mouiller les pattes.)

MACBETH. — Tout ce que peut faire un homme, j'ose le faire : et celui qui a plus d'audace que moi n'est pas un homme.

Lady Macbeth. — Quelle idée absurde t'a donc poussé à me révéler ce projet secret? Lorsque tu as osé me le confier, tu étais un homme ; tu es devenu plus que tu n'étais et tu ne sais pas être plus qu'un homme? Alors, ni le moment ni le lieu n'étaient propices, et tu as créé l'un et l'autre; l'occasion s'offre maintenant à toi, et tu es incertain, tu hésites. J'ai allaité un enfant, et je sais de quel amour une mère aime l'enfant suspendu à son sein; eh bien! au moment où j'aurais vu mon fils sourire, j'aurais arraché ses lèvres à cette fontaine de vie et je lui aurais fracassé le crâne, si j'avais fait un serment comme celui que tu as proféré !

Puis, lorsque l'indécision, qui est le fond du caractère de Macbeth le pousse à demander à son épouse :

Si nous allions manquer notre coup?

Elle répond :

— Manquer notre coup? Raffermis ton courage; nous ne pouvons pas échouer. Lorsque Duncan cédera au sommeil auquel l'invite déjà la fatigue d'un rude voyage, j'enivrerai si bien moi-même ses deux gardes, en remplissant leur coupe de vin et d'hydromel, que leur mémoire, cette sentinelle du cerveau, s'évanouira, ne sera plus qu'une vapeur et que le siège de leur raison ne sera plus qu'un verre fragile. Lorsque leur nature ivre sera plongée dans un sommeil aussi profond que la mort, que ne pourrons-nous pas exécuter, toi et moi, sur Duncan incapable de toute défense ? Qui nous empêchera de laisser sur ses officiers ivres des traces qui les désigneront comme coupables de notre crime?

Ces fragments textuels me semblent suffire pour confirmer le jugement que j'ai exprimé.

Je passe le second acte, où il ne se trouve que des situations claires, d'accord avec la marche de l'action et sans aucune difficulté d'interprétation, quoiqu'elles contiennent les origines des terribles impressions, qui tourmenteront, dans la suite, les veilles et l'agonie de lady Macbeth. Chacun comprendra facilement l'angoisse avec laquelle lady Macbeth devait attendre le résultat du meurtre de Duncan, qu'elle avait si bien préparé; sa joie de le savoir accompli, l'agitation que lui font éprouver les terreurs, les fureurs et les remords exagérés de son mari. Son effroi, lorsqu'elle entend frapper avec insistance à la porte du château, n'est pas un effet de la lâche crainte que le crime ne soit découvert tout à coup, mais seulement de l'appréhension que l'état d'abattement complet dans lequel se trouve Macbeth ne compromette tout et ne fasse échouer les plans qu'elle a combinés avec une si diabolique habileté.

Au IIIe acte, où se rencontre surtout le génie de Shakespeare, lady Macbeth peut, par son jeu de scène sinon par ses paroles, ajouter ou enlever beaucoup aux beautés du drame. Cette considération me porta à faire de cet acte une scrupuleuse analyse. Par exemple, selon ma conviction, je ne devais pas négliger de marquer l'impression que produisait sur moi l'entrée du meurtrier qui vient annoncer à Macbeth que Banco est assassiné et que Fléance s'est enfui; ces nouvelles qui lui causent deux sentiments si divers, ne pouvaient échapper à un œil vigilant comme celui de lady Macbeth. Lorsque l'assassin se présente sur le seuil de la salle du banquet, elle seule s'aperçoit qu'il parle bas à son mari, et note les mouvements de leur conversation, sans jamais le perdre de vue. J'ai pensé que dans cette scène, lady Macbeth devait craindre vivement que les convives ne remarquassent cet étrange entretien, dans ce lieu et à ce moment, et ne pussent concevoir de graves soupçons. Aussi trouvai-je nécessaire et opportun un jeu de scène à double signification; d'un côté je prenais part avec une mimique pleine de courtoisie à la conversation et aux toasts que je me faisais porter par les convives restés sur leurs sièges, et en même temps, je jetais, de temps en temps, des regards inquiets sur le groupe de Macbeth et de l'assassin, jusqu'à ce que, pour avertir Macbeth du danger où il se trouve de se trahir par une imprudence, je lui disais d'une voix vibrante et avec une gaîté affectée :

Mon Seigneur, tu ne fais rien pour exciter la gaieté ; si la grâce et les semblants d'amitié n'assaisonnent pas un banquet, il semble qu'on le vend et non pas qu'on le donne : une bonne nourriture suffit quand on mange chez soi ; chez les autres la politesse est le grand agrément du repas, sans elle les mets semblent fades.

Avec le même jeu de scène, mais avec un accent plus vibrant encore, sur un ton de reproche à moitié sérieux, à moitié gai, je lui donnais le second avis :

Tes amis sont là qui t'attendent, ô mon époux !

Puis je montrais une grande agitation et une grande frayeur en voyant Macbeth, à l'apparition de ses visions incompréhensibles et furieuses, sur le point de révéler le secret du crime commun. Évidemment, dans cette situation, il faut bien marquer les expressions et l'effort de lady Macbeth pour cacher les hallucinations de son mari et essayer de le faire rentrer en lui-même.

Lady Macbeth adresse à son mari les reproches les plus vifs, bien que toujours à voix basse, sans oublier de reprendre son masque de gaîté quand elle se tourne vers les invités en leur disant, pour excuser l'état du roi, que ce sont là des symptômes d'une ancienne maladie. A la fin de ses égarements, tous ses efforts pour le contenir étant vains, elle se voit obligée de congédier précipitamment ses hôtes, pour rester seule avec lui et mettre fin à une situation devenue impossible et dangereuse.

C'est après la sortie des invités que je pensai à rendre sensible aux yeux des spectateurs l'abattement de lady Macbeth. Je trouvai nécessaire, afin de justifier et de rendre vraisemblable la fin précipitée de la grande criminelle, d'imaginer une mimique de découragement et de prostration, persuadée que j'étais de l'inutilité de toute résistance contre une destinée devenue tout à coup ennemie. Je laissais voir comment les remords commençaient à me torturer, à me ronger le cœur ; à la fin de l'acte, au moment de partir, je laissais percer comme un sentiment d'affectueuse pitié pour Macbeth, réduit par ma faute à la condition la plus misérable, et en lui disant :

> Pour le moment, invoque le sommeil, baume qui calme les créatures,

je prenais sa main gauche dans ma main droite, je l'appuyais sur mon épaule et, la tête légèrement inclinée, d'abord dans l'attitude d'une femme qui réfléchit douloureusement, puis levant les yeux vers le ciel avec une expression d'effroi et ensuite les retournant vers mon mari avec un regard où perçaient les remords qui m'agitaient le cœur, je le conduisais lentement vers mon appartement, comme on emmène un fou épuisé par son accès. Ensuite, arrivée presque à la limite de la scène, j'avais imaginé que Macbeth, effrayé de se sentir tout à coup retenu par un pan de son manteau sur lequel il avait accidentellement posé le pied lui-même eût un soubresaut d'épouvante. Alors je me précipitais de l'autre côté épouvantée, m'efforçant cependant de dominer cette terreur dont j'étais assaillie malgré moi, je réussissais, avec un peu de violence, à le pousser dans les coulisses, sans cesser de le calmer par des gestes affectueux.

Ce jeu de scène, qui ne s'éloignait jamais de la logique et de la vérité de la situation, produisait toujours un très grand effet.

Au Ve acte, lady Macbeth n'a qu'une scène très courte, mais qui est une des conceptions les plus merveilleuses et les plus philosophiques de l'auteur, et qui est d'une immense difficulté pour l'actrice qui l'interprète.

Cette femme, ce colosse de forces physiques et morales, qui pouvait imaginer et faire exécuter d'un mot de pareils desseins, la voilà réduite à n'être plus que l'ombre d'elle-même. Les remords, comme des griffes de vautour, lui rongent le cœur et lui troublent l'esprit jusqu'à la rendre inconsciente de ses actions au point qu'elle va révéler dans son sommeil son terrible secret. Que dis-je, dans son sommeil? C'est plutôt une fièvre qui lui monte au cerveau et l'assoupit, et ce sont des douleurs physiques qui, s'emparant de son esprit au souvenir du mal dont elle est la cause, la gouvernent et règlent ses mouvements, poussant ses idées en sens divers. Les paroles mêmes que sa suivante adresse au médecin en sont la preuve :

Depuis que le roi est entré en campagne, je l'ai vue chaque nuit sortir de son lit, mettre sa robe, ouvrir le cabinet, y prendre du papier, écrire, lire ce qu'elle avait écrit, le plier, le cacheter, et enfin se remettre au lit ; tout cela dans le sommeil le plus profond.

Pour rendre vraie cette artificieuse manifestation et pour fondre les effets sans tomber dans l'exagération et le fantastique, à tous les étranges changements que je devais donner à ma physionomie, à mes gestes, à ma voix, je dus me livrer à une étude profonde.

J'entrais en scène avec l'aspect d'un automate, traînant les pieds comme si j'eusse porté des chaussures de plomb. Je posais machinalement une lumière sur la table, ayant bien soin que tous mes mouvements fussent lents, entrecoupés de tremblements nerveux. L'œil fixe, qui regarde sans voir, les paupières toujours ouvertes, la respiration difficile, pénible, tout devait montrer continuellement l'agitation nerveuse la plus extrême.

Je m'étudiais à bien faire comprendre, par des expressions bien distinctes, qu'il s'agissait d'une femme malade d'une maladie *morale*, dont les manifestations avaient une terrible *cause*.

Après avoir posé la lumière sur la table, je m'avançais presque jusqu'à la rampe, je feignais de voir encore du sang sur mes mains et, me les frottant, je faisais le geste de prendre dans le creux de la main l'eau qu'il faut pour se laver. J'avais bien soin que ce mouvement répété plusieurs fois fût varié.

Ensuite je disais :

Oh ! tache maudite, va-t'en, te dis-je !

puis tout bas en écoutant :

Une heure, deux... voici le moment d'agir... Il fait noir en enfer... Tu as peur, ô mon époux ! Toi, un guerrier, tu trembles?... Pourquoi craindre qu'on le sache puisque nous serons puissants et que personne ne nous demandera compte de nos actions?... Qui eût pensé cependant que ce vieillard avait tant de sang...

En disant ces deux derniers vers qui me reportaient aux *causes* de mon hallucination, je paraissais étonnée de la couleur du sang que mes mains avaient conservée.

Et revenant ensuite aux *effets* même du délire, je reprenais :

Le Thane de Fife avait une femme. Et maintenant où est-elle ?

et, regardant de nouveau mes mains, je disais avec une expression mêlée de colère et de tristesse :

Ne pourrai-je jamais rendre ces mains propres ?

Et je les frottais de nouveau avec des mouvements convulsifs. Puis, l'esprit toujours perdu, d'une voix âpre, je feignais de murmurer à l'oreille de Macbeth :

Assez, Seigneur, assez, avec tes terreurs tu gâtes tout.

Je revenais ensuite à ma première idée, je

sentais légèrement mes mains, comme si elles eussent eu une odeur de sang, et m'écriais avec désespoir :

Toujours cette odeur de sang ? — Hélas ! tous les parfums de l'Arabie ne pourront jamais désinfecter cette petite main ! Oh ! oh ! oh !

Je prononçais ces exclamations, comme si un frisson intérieur m'eût serré le cœur ; après quoi je restais, la tête renversée, en proie à une profonde léthargie. Durant le court dialogue entre la suivante et le médecin, je feignais dans mon délire de me trouver transportée à la scène de l'assassinat de Duncan, et, comme si la cause de mon changement d'expression eût été la vue de la chambre du roi, je m'avançais lentement, le corps courbé, avec mystère, vers le côté droit, où j'imaginais qu'avait eu lieu l'assassinat ; je paraissais entendre le pas précipité de mon mari, et, anxieusement, l'oreille tendue, j'exprimais par mon geste que j'attendais que Macbeth vînt m'annoncer que le crime était accompli. Alors, dans un élan de joie, comme si je l'eusse vu appa-

raître porteur de la nouvelle, je disais dans une grande agitation :

Lave tes mains, va mettre ton vêtement de nuit, ne sois pas si pâle! Je te le répète. Banco est enseveli et il ne peut sortir de sa tombe !

Mais j'avais soin de ne jamais oublier que la femme qui parlait était en proie à un sommeil agité : aussi, pendant toute la scène, je poussais un long soupir pénible comme celui d'une personne plongée dans un sommeil agité.

Les vers suivants :

Au lit! au lit! On frappe à la porte, viens! viens! viens ici! donne-moi la main. Ce qui est fait est fait. Au lit! au lit!...

je les disais d'un ton d'insinuation, comme s'il s'agissait de choses qu'il faut faire promptement; puis, effrayée en me figurant qu'on frappait à la porte du château, et qu'une surprise allait avoir lieu, je montrais plus d'émotion et plus d'égarement; et comme si j'eusse trouvé nécessaire de nous cacher promptement dans nos appartements, je m'y rendais en invitant Macbeth à me suivre et en lui disant ce dernier: « *Viens! viens! viens!* » d'un ton impérieux et irrité. A la fin, comme si je lui avais pris la main, je paraissais l'entraîner sain et sauf et malgré lui; et le poussant avec un grand effort, je quittais la scène en disant :

Au lit! au lit! au lit!

C'est ainsi que j'ai compris les sentiments extraordinaires, presque inaccessibles à la conception humaine, et dont l'étude m'a été bien difficile, à cause de la singularité des situations où me transportait l'imagination du poète.

Malgré mon intime conviction d'avoir réussi à entrer, du mieux possible, dans l'esprit de mon personnage, je confie cette analyse de mon interprétation au jugement de la critique.

CHAPITRE IX

REPRÉSENTATIONS A NAPLES ET A MADRID

Au commencement de 1857, je me rendis pour la première fois à Naples où je jouai dans la salle si élégante du Théâtre Royal. — Le soir du 14 janvier, je commençais la série de mes représentations.

J'avais réussi après bien des peines à soustraire *Phèdre* de Racine, aux rigueurs de la censure bourbonienne. Quoique mutilée et tronquée, la pièce produisit une immense impression et fut donnée souvent. Je la choisis pour mon bénéfice et je conserve de cette représentation un souvenir ineffaçable. — Toutes les places avaient été enlevées plusieurs jours d'avance, la salle était comble, les dames en grande toilette avaient envahi les fauteuils d'orchestre; des bouquets et des couronnes couvraient le devant de toutes les loges. Je savais qu'une cantate était préparée en mon honneur : j'étais transportée de joie dans cette atmosphère de fête, et toute à mon enthousiasme; quand, à un certain passage du IV° acte, ne me rendant plus compte des distances, au lieu de me laisser tomber en arrière je me jetai sur la rampe. Ce fut dans la salle un immense émoi; un jeune homme, enjambant l'orchestre, se précipita à mon secours et, par un violent effort, parvint à me rejeter en arrière. Je lui dois de ne pas avoir été complètement défigurée; j'aurais certainement été brûlée vive si le théâtre, au lieu d'être éclairé à l'huile, l'eût été au gaz[1].

On m'avait transportée dans ma loge où l'on constata qu'un des verres de la rampe m'avait profondément labouré les chairs du bras droit.

1. Le gouvernement à la suite d'une explosion dans un vaisseau de guerre, avait supprimé le gaz dans tous les établissements publics.

La scène fut bientôt envahie par une foule anxieuse d'avoir de mes nouvelles. Parmi les premiers accourus se trouvait le comte de Syracuse, frère du roi Ferdinand, qui m'avait amené le médecin de la cour. Quand les pansements furent faits, on disait autour de moi que je devais mon déplorable accident à la présence dans la salle d'un célèbre jettatore. L'excellent comte de Syracuse, qui, lui aussi, croyait que c'était arrivé, détacha gracieusement de ses breloques une griffe de faucon montée en or et me l'offrit en me disant : « J'ai tué la bête moi-même, portez ce bijou contre les jettatores de l'avenir. » Ce souvenir ne m'a jamais quitté. Pendant deux mois je dus porter mon bras en écharpe, ce qui ne m'empêcha pas d'exécuter mes engagements et de jouer en dissimulant de mon mieux cette infirmité passagère.

J'ai gardé de ce malheureux accident une large cicatrice au bras.

Dans le courant de cette même année 1857, j'allais à Madrid commencer la série de mes représentations au théâtre de la Zarzuela. Le 16 septembre je jouais la *Médée* de Legouvé. J'obtins des satisfactions nouvelles devant ce public si enthousiaste. La reine Isabelle était toujours dans sa loge au milieu de l'élite de la société madrilène. Elle ne perdait pas une scène, et applaudissait la première.

Lors d'une représentation de cette même *Médée*, le 21 septembre, — je n'oublierai jamais la date de cette soirée qui a laissé dans ma vie une impression ineffaçable, — j'étais venue au théâtre à l'heure habituelle, et tandis que ma femme de chambre préparait mes costumes, je causais, avec quelques habitués, dans le beau salon qui précédait nos loges. « Expliquez-moi donc, demandai-je à quelqu'un, ce que voulaient dire les lugubres tintements de cette cloche qu'agitait aujourd'hui, dans les rues, un frère de la Miséricorde.

— C'est un frère de Saint-Jean décollé, me répondit mon interlocuteur, qui recueillait des aumônes afin de faire dire des messes pour l'âme d'un condamné à mort. Le malheureux est un soldat du nom de Nicolas Chapado qui, dans un accès de colère, a mis la main au sabre, en se précipitant sur un sergent qui l'avait frappé. La sœur du condamné, ignorant les faits et la condamnation, se trouvait dans une boutique au moment du passage du frère quêteur. Imaginez-vous le désespoir de la pauvre femme en entendant le nom de son frère. »

Ce récit m'avait remplie de tristesse, et je cherchais en vain à écarter de mon esprit ce lugubre tableau. Pendant que j'étais réduite à m'occuper de ma toilette, on frappe à la porte de ma loge. Deux personnes me demandent et font de telles instances pour être admises, que mon mari sort afin de s'informer du but de leur visite. Elles venaient pour m'entretenir du malheureux Chapado et des moyens de le sauver. Mon mari rentre effaré en s'écriant : « Ces braves gens croient que la vie d'un homme est entre tes mains ! » Et comme, en proie à une vive émotion, je lui demandais s'ils parlaient sérieusement. « Très sérieusement ! me dit-il, une députation est venue, il y a un instant, et reviendra dans quelques minutes.

Le malheureux soldat est un excellent garçon : une carrière irréprochable de onze années parle en sa faveur. Son sergent, qui le détestait, l'a frappé injustement devant ses camarades. Chapado n'a fait que mettre la main à son sabre, et cela a suffi pour le faire condamner à mort. La vie de cet homme dépend de la Reine… On dit qu'elle t'aime beaucoup ; que si tu demandes la grâce du soldat, elle te l'accordera, quoiqu'elle l'ait déjà refusée à une députation d'étudiants. — La reine me croira folle, je n'oserai jamais ! jamais ! »

Je venais de répondre ces paroles, lorsqu'on m'annonça la députation. Ma tête était en feu, et j'étais toute bouleversée à la seule idée que l'on avait pu compter sur moi. Comment pouvais-je refuser de faire une tentative ; je promis d'essayer. On me suppliait d'agir à l'insu du maréchal Narvaez, duc de Valence, président du conseil des ministres, dont l'implacable sévérité était redoutée de tous : « Je ne ferai jamais cela, dis-je à mes interlocuteurs ; j'ai été recommandée au maréchal, il m'a comblée de prévenances, j'ai trouvé en lui un parfait gentilhomme, et je ne tenterai pas une pareille démarche sans l'en prévenir. Laissez moi agir auprès de lui.

— Mais vous perdez le malheureux.

— N'est-il pas déjà perdu? Je ne suivrai que le droit chemin!

La députation prit congé de moi. Je vis des haussements d'épaules, des hochements de tête. Les braves gens étaient profondément découragés.

Le président du conseil était dans la salle, et je le fis prier de me faire l'honneur de passer un instant chez moi. Le duc de Valence, toujours poli, ne se fit pas attendre. Il vint avec son aide de camp; je priai ce dernier de vouloir bien s'entretenir avec mon mari, et prenant le maréchal par la main, je l'invitai à entrer dans ma loge. Je donnai un tour de clef afin qu'on ne vînt pas m'interrompre, et je le fis asseoir...

—Maréchal, m'écriai-je aussitôt, vous m'avez dit plusieurs fois que vous auriez de la peine à me refuser quelque chose. Grâce!.. Grâce donc!... Grâce pour ce pauvre soldat!... Je suis étrangère, depuis peu à Madrid, mais je conclus de l'intérêt que la ville entière porte à ce jeune homme qu'il mérite votre clémence. On m'a suggéré de m'adresser directement à Sa Majesté, sans vous en informer.

— Chère madame, répond le duc, c'est impossible... Je suis désolé, mais il faut donner un exemple. Nos révolutions commencent presque toujours dans l'armée. Il y a quelque temps, des faits semblables ont eu lieu... la discipline est relâchée. La municipalité entière assiégeait tout à l'heure la Reine pour obtenir cette grâce, et j'ai fortement conseillé de ne pas céder. Toute clémence en ce moment serait dangereuse.

Je ne perdis pas courage. L'homme de guerre commençait à s'émouvoir. Une lutte interne se révélait sur le visage du duc : mes larmes achevèrent le triomphe ; et me prenant la main.

— Ah ! Madame, dit-il, comment résister à vos prières !... Si la reine consent, je m'inclinerai !... Écoutez-moi bien, faites demander à l'instant une audience, elle vous sera accordée. Vous serez reçue dans un entr'acte. Jetez-vous aux genoux de Sa Majesté... Soyez aussi éloquente avec elle que vous l'avez été avec moi... La reine vous adore... elle restera perplexe... en vous disant que le président du conseil s'oppose à la grâce. Elle me fera appeler : je serai là... Espérez !

L'émotion m'étranglait. Je ne pouvais proférer une parole. Je saisis la main du maréchal avec transport. lui promettant de suivre ses instructions.

A peine le maréchal était-il sorti, que tout le monde m'entoura, m'accablant de questions.

— Consent-il ? — A-t-il refusé ?

— Taisez-vous, taisez-vous... je vous en prie... et laissez-moi... Je ne peux rien vous dire...

Après le premier acte, la reine m'ayant accordé l'audience demandée, je me dirigeai vers la loge royale, accompagnée d'un de mes directeurs, M. Barbieri.

Je venais d'être introduite dans le salon

d'attente, quand, tout à coup, des voix confuses, des cris se firent entendre. Un officier, adversaire de Narvaez, avait profité de sa charge de cour pour introduire auprès de la reine la sœur du pauvre Chapado. C'était la malheureuse que j'entendais sangloter.

Un instant après on l'emportait sans connaissance, tandis que Narvaez, ne comprenant rien au retard de l'appel qu'il avait prévu, venait me rejoindre dans le salon. On me fit rapidement entrer auprès de Sa Majesté. Je la trouvai étendue sur un divan : elle s'était évanouie à la suite de la vive émotion qu'elle venait d'éprouver ; elle était du reste fort souffrante (Alphonse XII naquit quelques semaines plus tard). — Les ministres l'entouraient.

— Que je suis heureuse de vous voir, chère madame, j'avais bien besoin de faire diversion à mes tristesses, me dit-elle en me tendant gracieusement la main.

Je baisai cette main et, sans hésiter un instant, je me jetai à ses genoux en m'écriant :

— Grâce, Madame, grâce pour Chapado ! Que Votre Majesté se laisse toucher par mes supplications, et pardonne à un fidèle sujet un moment d'oubli. C'est un bon soldat qui se serait fait tuer pour Votre Majesté.

— Calmez-vous, Madame, me dit la reine en me relevant et sans pouvoir dissimuler son émotion, je voulais accorder la grâce, mais le maréchal...

Oubliant alors toute étiquette et sans m'apercevoir que j'interrompais Sa Majesté :

— Qu'elle daigne encore exprimer ses intentions clémentes, m'écriai-je, le maréchal, dont je connais les sentiments humains, ne persistera peut-être pas dans sa rigueur !

Sur ces entrefaites, Narvaez, qui m'avait suivie, s'inclina devant sa souveraine, sans prononcer une parole. La reine alors, me reprenant la main me dit :

— Eh bien !... Oui... oui... Nous lui ferons grâce.

Et comme le public s'impatientait, la reine, avant de me congédier, se fit apporter une plume et, ayant signé l'acte de grâce, me dit en souriant. « Voilà au moins une tragédie bien terminée : gardez cette plume, qui restera pour vous et les vôtres un souvenir béni. » — Ma relique à la main et le cœur débordant de joie, je ne marchais pas, je volais à travers la foule qui s'était amassée dans les couloirs pour attendre le résultat de ma tentative : « La grâce est accordée ! » m'écriais-je, hors de moi. — En quelques instants, j'étais sur la scène et, le rideau levé, une immense acclamation m'accueillit : des vivats retentissaient de toutes parts où le nom de la Reine alternait avec le mien. En m'inclinant vers la loge royale, je montrai que je n'acceptais pas pour moi la reconnaissance du public, et j'entendis distinctement la reine disant à haute voix en me désignant de la main : « Non !... C'est elle... c'est bien elle ! »

Je dois à cette reine la soirée la plus mémorable de mon existence ; et la plume, qui signa la grâce d'un honnête homme, sera gardée précieusement par mes enfants en mémoire de la joie immense éprouvée par leur mère.

Le brave soldat avait reçu par un aide de camp, expédié à l'instant même, la nouvelle qui mettait fin à ses angoisses. Il était déjà en chapelle, attendant le moment fatal. La clémence royale n'avait pu que commuer sa peine, et il devait passer le reste de ses jours aux présides d'Alcala. Un mois plus tard, à l'occasion de la naissance du prince des Asturies, Alphonse XII, je m'adressai de nouveau au cœur de la reine Isabelle, et j'obtins une commutation de la peine perpétuelle en une détention de six années.

Mon protégé, que je n'avais jamais vu, m'écrivait souvent des lettres vraiment touchantes. Revenue à Madrid quatre ans après, je demandai la permission de visiter le prisonnier. Elle me fut immédiatement accordée. Arrivée au bagne avec mon mari et un vieil ami, on me fit entrer dans une salle qui servait de parloir aux visiteurs. Immédiatement, Nicolas Chapado fut introduit : il portait le costume de forçat. Il tenait la tête baissée et serrait convulsivement son bonnet dans ses mains... L'émotion qui le dominait ne lui permit pas de proférer un seul mot : il se jeta à mes pieds, baisant mes vêtements avec transport. Toute l'assistance pleurait. J'appris que sa conduite irréprochable lui avait gagné la sympathie de ses supérieurs et le respect de ses compagnons d'infortune; qu'ayant été élevé au grade de surveillant de quelques ateliers, on l'aimait et on lui obéissait; enfin que le sergent qui avait été la cause de son malheur, étant tombé gravement malade, obtint qu'il fût amené devant son lit de mort pour lui demander pardon du mal qu'il lui avait causé injustement; Chapado avait pardonné.

Je promis de mettre tout en œuvre pour obtenir une libération prochaine. Dès que la nouvelle de ma visite se fut répandue, chacun voulut me voir, et pendant que je descendais l'escalier avec le commandant d'un côté et Chapado de l'autre, tous les condamnés s'agenouillèrent respectueusement en se découvrant la tête...

La liberté de Chapado lui fut accordée. Chaque fois que je revenais à Madrid, Chapado accourait chez moi, et je le trouvais partout sur mes pas, comme s'il avait voulu veiller de loin sur sa protectrice. Je n'ai jamais eu dans tous mes rôles un *claqueur* plus enthousiaste.

Souvent, lorsque les applaudissements avaient cessé, ses bravos éclataient encore : tout le monde le connaissait parmi mes habitués; et l'on m'a raconté que lorsqu'on lui imposait silence, il répétait pour l'entourage sa lugubre histoire : « Vous ne savez donc pas, disait-il, qu'elle m'a sauvé la vie, que j'étais déjà en chapelle, l'aumônier à mes côtés; que je l'aime plus qu'une mère... que je me ferais tuer pour elle! » et il terminait ses transports en battant des mains frénétiquement et en criant à gorge déployée : « Vive la Ristori!!! » au risque d'être pris pour un fou. — Toutes les lettres que j'ai reçues de lui commençaient par ces mots : « Mi Madre *querida;* » elles sont d'un style remarquable, et toutes d'une exaltation presque orientale.

Chapado est aujourd'hui établi marchand fruitier.

Après avoir de nouveau visité Vienne, Pest et l'Italie au mois d'avril de la même année, je revins à Paris. Chaque fois que j'avais à reparaître devant le public parisien, si sympathique, j'avais l'ambition de doter d'une pièce nouvelle ma chère salle Ventadour. Mon ami Giuseppe Montanelli, un esprit d'élite, qui passait modestement sa vie dans l'exil, après avoir pris une part importante aux événements politiques de notre pays, avait écrit pour moi une tragédie en trois actes. Il avait pris son thème dans Plutarque, et avait intitulé sa pièce *Camma*, du nom d'une prêtresse de Diane remarquable par sa beauté. Camma avait pour époux le tétrarque Sinato. Un prince de Galatie, du nom de Sinoro, follement épris de Camma, fit assassiner Sinato dans un guet-apens, afin d'épouser sa veuve. Celle-ci, ayant découvert le crime, feignit de se rendre à ses désirs et se laissa conduire au temple pour la cérémonie du mariage. Le rite consistait alors à faire boire les deux époux dans la même coupe. En sa qualité de prêtresse, Camma préparait le contenu et elle y mêlait un poison violent. Sinoro buvait le premier et expirait; mais Camma buvait à son tour : désormais indifférente à la vie et heureuse dans l'espoir d'être réunie dans les Champs Élysées à l'époux qu'elle n'avait cessé de chérir une minute.

A propos de ce dénouement, Montanelli, qui m'envoyait au fur et à mesure *ses bonnes feuilles* en Italie pour les soumettre à ma critique, faillit avoir maille à partir avec la police française. Dans ma hâte d'obtenir de lui une retouche à un passage, afin de me mettre à l'étude de la dernière scène de la pièce, je lui avais adressé, sans réflexion, la dépêche suivante :

<small>Oubliez que j'ai hâte de mourir, et que, en présence du cadavre de la victime dont j'ai partagé le poison, je ne dois pas parler éternellement.</small>

On peut se figurer combien cette dépêche, adressée à un personnage politique nécessairement surveillé, étonna le télégraphiste qui transmit la dépêche au ministère.

Montanelli fut mandé, tout s'expliqua, et nous en rîmes souvent.

Le 23 avril 1857 eut lieu la première représentation. La pièce obtint un grand succès.

Je me rendis pour la première fois à Varsovie le 15 mars 1858. Mes représentations furent suivies avec un empressement des plus encourageants. La société si élégante de cette capitale avait donné l'impulsion, et les autorités russes, le prince et la princesse Gortschakoff en tête, me comblèrent d'amabilités.

CHAPITRE X

LONGUE TOURNÉE EN EUROPE
PREMIER VOYAGE EN AMÉRIQUE

J'avais signé un contrat pour le mois de juin 1859 avec les principaux théâtres de la Hollande. Je commençai par Amsterdam. Comme je n'ignorais pas que les Hollandais ont la réputation d'être d'un naturel froid et peu accessible à l'enthousiasme, je m'attendais à un simple succès d'estime. Quelle ne fut pas ma surprise de voir ce public prendre feu comme en Italie! et d'apprendre que l'on organisait avec une grande solennité une démonstration que les journaux annonçaient comme une fête de l'art.

Plus de vingt mille citoyens de toutes les

classes prirent part à la manifestation. Des associations ouvrières, artistiques, précédées de leurs bannières, ouvraient la marche avec les étudiants. Le cortège défila sous mes fenêtres en m'acclamant. La rue était éclairée par des milliers de torches, de feux de Bengale aux couleurs italiennes et hollandaises.

La cohue fut si grande, que plusieurs personnes furent précipitées dans le canal. Heureusement toutes ont été sauvées. On me rapporta que le Roi sur la description qui lui fut faite de cette manifestation avait dit : « C'est peu pour une révolution, — pour une démonstration c'est trop. »

A La Haye je fus l'objet d'attentions charmantes de la part de la reine Sophie, protectrice éclairée des arts. Chaque fois qu'il m'a été donné de la rencontrer depuis, elle n'a cessé de me donner des preuves de son auguste bienveillance. Sa Majesté le roi assistait souvent à mes représentations et ne manquait pas une occasion de m'exprimer son contentement; et la dernière fois que j'eus l'honneur de le rencontrer à Wiesbaden, il voulut bien me donner une preuve de son estime en me *conférant* la grande médaille d'or accordée en Hollande au mérite artistique.

Je revins l'année suivante en Hollande, toute pleine de mes souvenirs. Je ne décrirai pas ce second voyage, mais je ne puis m'empêcher de dire un mot d'une manifestation d'un caractère tout à fait spécial, qui fut faite à mon arrivée. Je tiens à faire remarquer ici que cette période de ma vie (1860) coïncide avec les faits militaires dont l'Italie avait rempli le monde.

J'arrivais à Utrecht où la jeunesse universitaire, émue des victoires franco-italiennes, fascinée par le prestige merveilleux de Victor-Emmanuel et de Garibaldi, avait voulu, en m'accueillant, moi artiste italienne, donner libre cours aux sentiments enthousiastes provoqués dans les cœurs par notre épopée nationale. Ce n'était pas seulement la jeunesse studieuse de la célèbre Université qui se trouvait à la gare pour me recevoir, c'était toute la ville d'Utrecht. Quand nous eûmes pris place, ma famille et moi, dans les voitures à quatre chevaux qui nous attendaient devant le perron de la gare, le cortège se mit en mouvement. Nous étions précédés d'une avant-garde et, tout autour de nous, la brillante jeunesse nous faisait escorte à cheval. Ce fut ainsi que je traversai les rues principales de la ville entre deux haies de monde jusqu'à l'hôtel. Les acclamations ne s'arrêtaient point. J'étais profondément émue parce que, moi aussi, je pensais à la résurrection de mon pays et que je me rendais parfaitement compte que cette ovation lui était adressée bien plus qu'à ma personne.

Le même soir, je paraissais sur la scène devant des hourrahs formidables. Après le spectacle une de ces sérénades aux flambeaux, si pittoresques dans les pays du Nord, fut donnée sous les fenêtres de mon hôtel.

De ces épisodes, que j'aurais voulu décrire plus en détail, on a voulu garder le souvenir par des gravures, dont je conserve religieusement les exemplaires d'auteur qui me furent offerts.

Dans les premiers jours d'octobre 1859, je me rendis en Portugal où je donnai, à Lisbonne et à Oporto, une série de vingt-quatre représentations. Quel pays délicieux ! Quelles charmantes impressions j'ai conservées des séjours que nous y avons faits ! Chaque fois que j'y suis revenue, j'ai trouvé le public dans les mêmes dispositions. La famille royale n'a pas cessé de me donner des preuves de sa bienveillance. Le roi Ferdinand, grand protecteur des arts, me témoignait son intérêt de la façon la plus gracieuse, et en souvenir de ma première visite à Lisbonne, je possède dans mon album un dessin fait pour moi par Sa Majesté, qui voulut bien me l'offrir au moment de mon départ.

Lorsque pour la dernière fois, en 1878, je passai quelques semaines sur les bords riants du Tage, je trouvai à la cour du roi Louis et de Pie de Savoie le même accueil sympathique. Le public aussi m'avait gardé toute son affection.

Puisque nous sommes en Portugal, je tiens à rappeler le souvenir d'une représentation originale que je donnai en 1860 et qui me reste comme très amusant. J'avais accepté l'invitation du corps d'étudiants me demandant une représentation lors de mon passage à Coïmbre, la grande Université du Portugal. Il s'agissait de jouer *Médée* dans la petite salle académique réservée d'ordinaire aux délassements de la jeunesse studieuse, mais où elle avait réussi quelquefois à attirer les célébrités artistiques venues à Lisbonne. Je fus reçue par le corps entier des étudiants, doyen et professeurs en tête, et je vois encore le costume si pittoresque de ces jeunes gens qui semblaient descendre d'un cadre du moyen âge. Ils portent un habit boutonné sur la poitrine, tombant presque sur les talons; des culottes courtes; un col blanc tout droit; le tout recouvert d'un vaste manteau. Leur bonnet dantesque sur leurs grands yeux, aussi noirs que le reste, achevait de donner à tout ce cortège un aspect sévère.

On m'apprit que le roi D. Diez avait fondé en 1288 à Lisbonne une école générale de sciences. Cette école se composait des Facultés d'art, de droit canonique, de droit civil et de médecine. En 1290, elle fut sanctionnée par le pape Nicolas IV, et en 1306 le roi la transféra à Coïmbre et en fit une Université qui pouvait rivaliser avec toutes les Universités existantes alors en Europe.

La mise en scène de *Médée* présentait des difficultés presque insurmontables dans le cas particulier où je devais la jouer. Une des prescriptions réglementaires de l'Université défendait en effet d'introduire des comparses du sexe féminin. Comment représenter alors les scènes où les *Canéphores* sont indispensables? Mais voilà que les étudiants me proposent un expédient digne de leur effervescente imagination! Ils offrent de se déguiser en jeunes suivantes de Créuse. La proposition me paraissait risquée en présence des longues barbes noires que nous avions admirées dans le cortège et dont je n'osais pas demander le sacrifice. Aucun autre moyen ne s'offrait : il fallait des suivantes à Créuse! J'acceptai à tous risques la mascarade. Le soir, je trouvai une loge préparée pour moi et ornée si élégamment qu'elle aurait pu servir de cabinet de toilette à la grande dame la plus exigeante. Une fois habillée, au moment d'entrer en scène, mon inquiétude me revint; je redoutais l'effet que produiraient, non seulement sur le public, mais sur moi-même, *mes femmes à barbe*, et quoique je leur eusse recommandé de cacher leur figure sous des voiles, je crus prudent de les faire défiler devant moi avant le lever du rideau. Nous conservâmes tous notre sérieux ; mais lorsque je vis mes Canéphores, que Créuse avait envoyées... prier dans le temple de Diane, s'établir bravement, aussitôt leur rôle terminé, dans l'avant-scène, où leurs voiles écartés ils allumaient de grands *panatellas*, je dus faire un effort inouï pour maintenir la gravité de la situation. Ce n'est pas la première fois que je dus empêcher, par un effort de volonté, la tragédie de se terminer en farce.

Pendant cette année, je me souviens, avec bonheur, d'un séjour, malheureusement trop court, que je fis à Hanovre et qui marque le commencement de précieuses relations qui se sont continuées chaque fois que nous sommes revenus dans cette charmante résidence. La famille royale tout entière me prodigua ainsi qu'aux miens les témoignages de la plus touchante amitié. Le roi Georges n'était pas intéressant seulement par la cruelle infirmité qu'il supportait si héroïquement depuis l'âge de seize ans ; il était encore un causeur charmant et n'était pas aveugle dans le domaine de l'art. L'accueil que nous avons reçu dans cette maison royale où régnait doucement une mère bien-aimée, marque parmi nos plus riants souvenirs.

En avril, j'étais revenue à Paris. Le 21 devait avoir lieu à la Comédie-Française la soirée annuelle au bénéfice de l'arrière-petite-nièce de Racine, Mlle Trochu. On cherchait à composer un programme varié afin d'attirer le public par la nouveauté du spectacle. Mon ami Legouvé eut l'idée de faire appel à mon concours, me demandant de réciter en français, après le IVe acte de *Phèdre* en italien, une poésie de sa composition.

On concevra aisément que, tout en acceptant de prendre part, en italien, à cette œuvre de bienfaisance, je jetai les hauts cris devant cette proposition effrayante. Jamais je ne me résoudrais à parler français à la Comédie-Française, d'autant plus que, suivant la tradition, il aurait fallu me produire au milieu de tout le personnel de ce théâtre modèle. Mais personne ne sait insister plus éloquemment que Legouvé et, séance tenante, il me fit répéter quelques vers après me les avoir débités avec son admirable diction. Je mis au service de son idée tout mon talent d'imitation. J'entends encore le cri formidable de mon enthousiaste auditeur : *La patrie est sauvée! la patrie est sauvée!* et il ouvrait la porte afin d'être entendu dans le salon voisin, où plusieurs amis attendaient ma décision. J'étais enlevée, moi aussi, et je me mis immédiatement à l'étude : *Audaces fortuna juvat*. Ma tentative hardie réussit pleinement. La salle m'accueillit comme une enfant gâtée de la maison de Molière, et ce qui me toucha plus encore que les acclamations du public, ce fut la chaleureuse approbation des plus illustres d'entre mes camarades du moment. Voici le programme de la soirée :

Athalie.
IVe acte de *Phèdre*, par Mme Ristori.
Un hommage à Racine, de M. Amédée Rolland.
Stances à Racine, par M. Legouvé, récitées par Mme Ristori.
Les Plaideurs.

Je m'étais ainsi jetée à l'eau, et Legouvé prétendait énergiquement que je savais nager. Il mit à me le persuader toute l'habileté qu'on lui connaît. Le fait est que de cet essai sans importance je fus conduite à accepter comme réalisable une tentative à laquelle je n'avais jamais songé.

Je trouvai Legouvé « inguérissable » de son idée fixe, de me faire jouer en français. Il connaissait ma profonde reconnaissance pour la nation française ; mon admiration pour l'empereur, le constant ami de l'Italie ; pour l'héroïque armée qui venait de rentrer victorieuse des champs de la Lombardie. Je lui avais souvent exprimé mon désir de payer ma dette au public français. « Voilà l'occasion, me disait-il, l'effort que vous allez faire prouvera votre gratitude ; personne ne l'interprétera différemment. »

Le plaidoyer réussit. J'avais encore une fois cédé devant l'éloquence. Il me semblait même que je répondais ainsi à un désir du public français curieux de me voir tenter la rude épreuve de lui parler sa langue. Toutes mes hésitations avaient cessé. Je consentis à jouer un drame que Legouvé allait écrire pour moi, et où, par une heureuse inspiration, il avait imaginé de me confier le rôle d'une Italienne et de couvrir ainsi, le cas échéant, mes imperfections de langage par une sorte de couleur locale.

Le sujet me plaisait. L'héroïne du drame était une jeune artiste de grande réputation rencontrant, dans ses courses à travers le monde et les cours, un jeune prince qui s'éprenait follement d'elle et voulait l'épouser à tout prix. Elle partageait en secret son amour, mais la reconnaissance qu'elle devait à la mère de son amoureux pour des bontés dont elle avait été l'objet à plusieurs reprises, lui interdisait de porter le trouble dans la famille de sa bienfaitrice. Elle ne voulait pas mentir, — elle ne se sentait pas la force de résister — elle disparaissait. Les entraînements, les désillusions, la passion dont ce rôle était rempli, concordaient avec mes aptitudes artistiques. J'étais prête à me mettre à l'étude. Pour faciliter l'exécution de notre plan, Legouvé m'offrit de me rejoindre dans un voyage que nous faisions sur le Rhin. Ce fut une répétition continuelle du matin au soir. En wagon, en bateau à vapeur, il profitait de chaque instant libre pour me faire pénétrer mon rôle et vaincre les difficultés de ma prononciation. Il mit un art infini à diminuer le roulement de mes *r* italiens et à me faire moduler les imparfaits. Nous travaillions, et nous nous amusions beaucoup.

Nos pérégrinations terminées, mes études l'étaient aussi ; nous avions convenu de donner *Béatrix* à l'Odéon dès le mois de mars de l'année suivante.

En quittant Paris je me rendis encore une fois en Hollande ; je parcourus le Rhin, la Livonie, la Courlande.

De Berlin je fus invitée à donner trois représentations au théâtre ducal de Weimar. Le grand-duc et la grande-duchesse nous reçurent avec une amabilité extrême. Dans une soirée donnée à la cour j'eus l'occasion d'apprécier les connaissances variées et la culture d'esprit de S. A. Guillaume Ier ; il savait par cœur plusieurs fragments de Dante et en il avait traduit quelques-uns avec succès, me disait-on. Nos relations furent d'autant plus agréables que le grand-duc s'exprimait en italien avec une facilité remarquable.

Au mois de décembre, je me rendis à Saint-Pétersbourg, ensuite à Moscou. Je suis retournée dans ces deux villes l'année suivante. Mon cœur est plein des souvenirs de cette période de ma vie d'artiste. Saint-Pétersbourg, avec ses « grandes attractions », est resté gravé dans ma mémoire, à cause surtout des témoignages sympathiques qui me furent prodigués de toutes parts. Bien que la cour ne pût se rendre au théâtre à cause d'un deuil de famille, l'empereur et l'impératrice voulurent m'entendre et me firent inviter à une soirée au palais d'Hiver. Je devais déclamer devant eux le III° acte de *Marie Stuart*. Je n'oublierai jamais la manière aimable dont ils me reçurent. L'enthousiasme dont je fus l'objet, dès mon arrivée, parmi ces populations du Nord, me surprit agréablement, surtout à Moscou où l'élément universitaire exerce une influence vivifiante par l'entrain et la ferveur de la jeunesse.

Parmi les souvenirs que j'ai rapportés de mes longues pérégrinations, je conserve précieusement le modeste bracelet qui me fut offert par le corps des étudiants : c'est une bande d'or avec un globe en améthyste sur lequel une étoile en brillants représente, me dit-on, l'astre de l'art. Le souvenir était touchant, d'autant plus que la jeunesse studieuse en Russie n'appartient guère aux classes riches et n'est pas habituée à offrir des pierres fines. — Le matin de mon départ, les étudiants, en masse, m'attendaient à la gare. A ma sortie de voiture ils se pressèrent autour de moi et me transportèrent pour ainsi dire jusqu'à mon wagon où ma famille me rejoignit comme elle put en perçant la foule. Notre compartiment fut transformé jusqu'au départ en fabrique d'autographes. On me tendait encore, pour y inscrire mon nom, des feuillets détachés des calepins, des fragments de journaux, lorsque la locomotive siffla.

Je souhaite des manifestations aussi cordiales aux actrices qui viendront après moi.

De Moscou je me dirigeai en droite ligne sur Paris où je devais commencer les répétitions de *Béatrix*. A mesure que celles-ci avançaient, mes sympathies pour mon rôle augmentaient et je m'incarnai tellement dans ce personnage que j'avais vu naître et se développer sous mes yeux, que le jour de la première représentation (25 mars 1861) je me figurais avoir à jouer un de mes rôles habituels. J'étais persuadée que le public français tiendrait compte du risque auquel j'exposais ma réputation artistique et se montrerait indulgent.

Les difficultés d'expression et de forme avaient, pour ainsi dire, cessé de me préoccuper. J'étais arrivée à une telle absence de prétentions en ce qui les concerne, que je me pris à rire quand mes camarades français m'exhortèrent, avant le lever du rideau, à avoir bon courage. Une fois sur la scène ce fut une autre affaire.

Je me rappelai notre vieil adage : « Autre chose est parler de la mort, autre chose est de mourir. » Bien qu'habituée aux publics des principales villes de l'Europe, à la vue de la foule qui se pressait ce soir-là aux portes de l'Odéon, le cœur me battait fort. Les applaudissements unanimes qui m'accueillirent sur la scène, loin de me rassurer, me faisaient peur en me faisant comprendre tout ce que l'on attendait de moi. Le suprême effort d'une ferme volonté ne fut pas de trop pour surmonter ce moment d'hésitation. Je commençai et je réussis à me vaincre moi-même; je jouai ce rôle pendant 40 soirées. Pour en finir avec ce qui concerne *Béatrix*, j'ajouterai que ce drame eut un immense succès tant à Paris que dans les autres villes de France, de Hollande et d'autres pays.

Quelques années plus tard (1865), je dus le reprendre au théâtre du Vaudeville ou il eut 20 représentations.

En mars 1862 je passais à Berlin pour la seconde fois dans la même année, consacrant 7 soirées au théâtre. La famille royale me combla de bienveillance et Sa Majesté le roi Guillaume, voulut bien me conférer l'ordre du Mérite Civil.

Parmi les souvenirs des distinctions infinies dont j'ai été l'objet de la part de la famille royale de Prusse, je ne puis oublier que je dois à l'Empereur Guillaume d'avoir connu de près le grand Meyerbeer et voici à quelle occasion.

De Berlin j'étais revenue à Weimar, lorsqu'un soir, le grand-duc me fit part gracieusement du désir de sa sœur, la reine Augusta, de me voir retourner à Berlin afin d'arriver comme une *surprise* pour la fête du roi et de donner au petit théâtre de la Cour une représentation des *Gelosi fortunati*. — Je n'hésitai pas à prendre le train de nuit, heureuse d'offrir à la famille royale ce petit témoignage de reconnaissance. Le roi parut ravi; et lors du souper qui suivit notre petite fête artistique, il me fit le grand honneur de me donner pour voisin l'illustre Meyerbeer auquel il venait de me présenter. L'admirable compositeur, qui était en même temps le plus aimable des hommes, me fit passer une heure charmante en attendant la longue visite qu'il me fit avec ses filles le lendemain.

Mes voyages à travers l'Europe continuèrent, et j'étais arrivée en Sicile, après avoir séjourné plusieurs fois longuement dans mon pays bien-aimé, lorsque je m'embarquai pour Alexandrie en septembre 1864.

Sur la terre des Pharaons, je fis une nouvelle et heureuse expérience du prestige exercé par l'art sur les populations d'origines différentes. La société d'Alexandrie, la plus cosmopolite qu'on puisse rencontrer, était comme fusionnée dans un même enthousiasme.

Sollicitée par des invitations pressantes, je me rendis au Caire pour y donner une représentation dans un théâtre improvisé au dernier moment, le théâtre de la ville ayant été incendié peu de temps auparavant.

De là, je partis pour Smyrne, d'où je gagnai Constantinople et enfin la Grèce.

A peine arrivés au Pirée, j'entraînais ma famille dans une course vertigineuse à travers les ruines, avant même de nous installer à Athènes. Mais ce ne fut que le lendemain, après ma première représentation, que je pus me procurer la suprême jouissance d'une visite à l'Acropole. J'eus le bonheur d'avoir pour guide l'éminent archéologue, M. Ranghabé, aujourd'hui ministre de Grèce à Berlin. Il voulut bien mettre sa science à notre service en nous montrant, une à une, les grandeurs et les beautés classiques de la Grèce d'autrefois. Quel bonheur pour nous de retrouver dans ces marbres sublimes toutes les noblesses que j'avais, dans toute ma vie d'artiste, cherché avec tant d'ardeur à rappeler devant le public. Je restai en contemplation auprès de ces merveilleuses cariatides dont j'étudiai la pose et jusqu'aux plis des vêtements; et M. Ranghabé dut presque me faire violence pour me faire abandonner le merveilleux bas-relief de la *Victoire Actère* dont je voulais graver dans ma mémoire les moindres détails.

A l'heure où j'écris, j'ai encore devant moi comme un reflet magique de l'éclatante lumière qui allait s'éteignant dans l'éther des sommets de l'Hymette, du Pentélique et du Parnasse.

Combien j'aurais voulu prolonger indéfiniment cette fête de l'âme ravie, en revenant souvent au milieu de ces merveilles ! Mais mon temps était limité : mes engagements pressaient, et je ne pouvais consacrer à Athènes que cinq représentations! Quels regrets! Quand je pense que le roi Georges, en présence de l'entraînement de tous (des familles pauvres faisaient des sacrifices vraiment touchants pour assister à mes représentations), avait conçu le glorieux projet de donner aux Athéniens dans le théâtre de Bacchus une représentation où, en plein XIXe siècle, la tragédie grecque, avec ses costumes et ses chœurs, aurait pu revivre une journée! Des architectes s'étaient mis à ma disposition pour remettre le théâtre en état de rendre l'exécution possible. La Grèce entière devait être conviée à cette fête. Mon cœur bondissait de joie à la pensée que j'aurais pu, en pleine Athènes, monter sur la scène du théâtre antique, revenir pour un moment aux traditions de Sophocle et d'Eschyle, entrer en esprit dans la majesté de l'Olympe.

— Hélas! encore une fois j'étais l'esclave du contrat. — Adieu la poésie! Adieu, cher public athénien! Adieu, mon aimable conducteur à travers les ruines !

J'étais en route pour Paris où je devais jouer à date fixe en français au Théâtre-Lyrique les *Deux Reines*, de Legouvé, lorsque, en faisant escale à Messine, on me remit un télégramme m'annonçant que, grâce à un incident diplomatique avec le saint-siège, le gouvernement venait d'interdire notre pièce. Et, j'avais dit adieu à Athènes ! Je partageai entre Naples. Livourne, Florence, Milan et Turin le temps que j'aurais dû consacrer à Paris, où je ne pus revenir qu'en mars 1865.

Je me préparais à donner au Vaudeville une série de représentations de *Béatrix* lorsque je reçus une invitation pressante du syndic de Florence de me rendre dans la ville du Dante où on devait célébrer en grande pompe le sixième centenaire de la naissance du divin poète. On me demandait de me joindre à Rossi et à Salvini pour prendre part avec eux à la fête dantesque et au cortège solennel qui devait défiler pour l'inauguration de la statue de Dante. Toute l'Italie de la politique, des sciences, des arts de l'intelligence était conviée. Sans songer un instant aux fatigues d'un voyage que je devais faire en cinq jours afin de ne pas manquer au public parisien, j'acceptai avec bonheur l'appel qui m'était fait d'une façon si glorieuse pour moi et qui me procurait la grande satisfaction de m'associer encore une fois aux deux hommes qui ont le plus honoré la scène italienne.

Notre réunion à Florence fit naître dans l'esprit de quelques personnes l'idée flatteuse pour nous trois de nous demander de jouer au bénéfice d'une intéressante infortune la *Francesca da Rimini*. Nous avions précisément chacun le rôle le plus adapté à nos moyens. Ce fut Rossi qui joua Paolo, et Salvini Lanciotto, dont il tira un parti merveilleux. Nous sentions tous trois une émulation irrésistible et des effets nouveaux jaillissaient à chaque instant. Ernesto Rossi montra une fois de plus qu'il appartenait à cette école qui n'a point de maîtres, qui se laisse aller aux inspirations du génie tout en prouvant qu'elle a tout étudié. Malgré les leçons de Gustavo

Modena, Rossi, pas plus que Salvini, ne serait arrivé à cette perfection de l'art, s'il n'avait reçu du ciel des dons particuliers qui mettent un acteur hors de pair. La soirée fut une vraie solennité de l'art et les Florentins en consacrèrent la mémoire en inscrivant nos trois noms avec la date, sur une plaque de marbre, au foyer du théâtre. Je suis fière pour ma part d'avoir contribué à cette fête italienne et j'ai tenu à en rappeler le souvenir afin d'offrir à mes deux illustres camarades une nouvelle preuve de mon affectueuse admiration.

Après avoir payé mon tribut de vénération au poète de l'Italie je revins tout d'une traite à Paris pour reprendre au Vaudeville les répétitions que j'avais interrompues, et dès le 22 mai *Béatrix* fut représentée devant le public toujours si accueillant.

Du mois de février 1865 à juillet 1866, je parcourus une partie de l'Italie, l'Autriche, la Hollande, la France et la Belgique; selon le programme arrêté d'avance, sans que jamais je me sois trouvée entravée par la fatigue ni même la plus légère indisposition. Dans toute ma carrière artistique, j'ai joui du même privilège, la providence m'ayant dotée d'une santé de fer. Sauf le mal de mer qui ne m'a jamais arrêtée dans mes longues et fréquentes traversées, j'ai acquis durant ces courses vertigineuses à travers le monde une vigueur à toute épreuve qui m'a toujours permis de mettre toute mon énergie au service de mes travaux et de la direction souvent bien difficile du personnel que j'emmenais avec moi. Comme un véritable général d'armée je dirigeais mon monde avec une fermeté toute militaire. On m'obéissait au moindre signe, on acceptait mes observations et mes remontrances parce que je mettais toute mon impartialité dans le blâme comme dans les louanges. Tout ce qui concernait la direction artistique était absolument de mon domaine. J'entrais jusque dans les moindres détails et rien ne pouvait se faire sans un ordre exprès de ma part. Un administrateur qui nous accompagnait partout était chargé des questions d'intérêt et d'affaires. Mais je suis fière de dire que mon cher mari était l'âme de toutes nos entreprises; et, puisque je parle de lui, mon cœur me porte à dire qu'il n'a cessé d'exercer sur moi et sur ma carrière une influence constamment bienfaisante. C'est lui qui relevait nos courages quand j'hésitais devant des difficultés ; c'est lui qui prenait à cœur mon devoir d'artiste, me faisant envisager la gloire à acquérir, me montrant de loin le but à atteindre et me facilitant toutes choses pour y arriver. Sans lui je n'aurais jamais osé tenter l'audacieuse aventure de porter jusqu'aux antipodes le drapeau de l'art italien.

Aujourd'hui je comprends mes résistances en songeant au courage qu'il m'a fallu pour laisser à des soins étrangers ma vieille mère à qui je n'ai point eu la suprême consolation de fermer les yeux, lorsque sa dernière maladie me l'a enlevée durant un de mes séjours au Brésil. Dix ans plus tôt, j'avais eu la douleur de perdre mon pauvre père à Florence, sans avoir pu le revoir.

Une fois en route j'étais la première à prendre mon parti devant les obstacles et à donner le bon exemple de l'exactitude et de la régularité.

Mes artistes me voyant toujours à leur tête acceptaient sans peine mes ordres et ma discipline et apportaient dans leur soumission une obéissance aveugle. Je pourrais citer de nombreux exemples de l'empire que j'exerçais sur eux. Ainsi, un jour que nous rendant de Moscou à Dunabourg pour donner une représentation, notre train se trouva arrêté devant un pont en démolition qu'il s'agissait de traverser à pied, sur des planches à peine fixées, pour rejoindre un convoi qui nous attendait sur l'autre rive, je vis une hésitation dans toute la troupe et j'entendis même des refus que l'on motivait sur le récit d'un accident qui venait de se produire ; — un homme était tombé dans le fleuve quelques instants avant notre arrivée. — Après avoir consulté les employés et pris conseil de l'ingénieur, je saisis mes enfants dans chaque main et j'entrepris le passage que je savais ne pas être dangereux. Je fus suivie aussitôt par tous mes compagnons dont j'avais réussi à calmer les craintes.

En septembre 1866, je traversai une première fois l'Atlantique pour visiter les États-Unis où je restai jusqu'au 17 mai de l'année suivante. J'étais impatiente de fouler ces terres vierges et faire résonner le *si*, moi la première, dans cette noble patrie de Washington où je savais que, dans la fièvre des affaires et la course vertigineuse vers la fortune, la science et l'art ne sont pas oubliés. Pendant mon séjour à New-York, j'eus un succès constant ; de cette époque datent des relations d'amitié que ni le temps ni l'éloignement n'ont attiédies, et, en écrivant ces lignes, j'envoie un affectueux salut à ceux qui me conservent un si touchant souvenir au delà de l'Océan.

En quittant New-York je fus appelée dans presque toutes les villes, grandes et petites, de la Confédération ; mais je me garderai bien d'essayer ici des descriptions qui ont été faites si souvent de main de maître.

Je passe sous silence, afin de ne point me répéter, les démonstrations chaleureuses qui m'accueillirent. D'un seul mot j'aurai tout dit : « Aux Américains, merci. »

Un fait à noter. Les Américains ont donné à

la vieille Europe sur le terrain théâtral un exemple dont elle a profité bien tardivement. Ils ont introduit comme habitude ce qui ne se produisait qu'accidentellement chez nous, — la représentation diurne (**matinée**), qui permet aux femmes, aux jeunes filles d'assister au spectacle sans manquer à leurs devoirs ou à leurs études, sans s'exposer aux fatigues des longues veillées.

Dans l'Amérique du Nord, invariablement, il y a deux représentations le samedi, et quelquefois d'autres jours de la semaine. Les étoiles de passage se produisent dans la journée devant une salle envahie tout entière par le beau sexe. Les enthousiasmes, les applaudissements sont naturellement moins bruyants et plus modestes : mais les bravos sont toujours si intelligemment accordés et expriment si bien, au moment voulu, les émotions ressenties, que l'artiste ne perd pas courage un instant et se trouve constamment soutenu par son auditoire.

Les femmes, les jeunes filles, se rendaient à mes représentations avec un tel empressement qu'il m'arriva souvent d'être obligée d'ordonner que la scène fût débarrassée des coulisses et des portants, afin de placer celles de mes auditrices qui n'avaient pas trouvé à se caser dans la salle; j'étais forcée de mesurer mes mouvements, ou de me placer, pendant que je jouais, de manière que mes voisines ne perdissent pas un seul de mes gestes, ni un seul de mes regards... Mes efforts étaient récompensés par les expressions reconnaissantes de ces frais et jolis visages.

Je donne ici, comme pouvant intéresser mes lecteurs, l'analyse que j'ai faite du rôle d'Élisabeth dans le drame de Paolo Giacometti, drame que je jouais en Amérique avec beaucoup de succès et que je dus reprendre bien des fois, tant les Américains en étaient enthousiastes.

CHAPITRE XI

ÉTUDE DU ROLE D'ÉLISABETH
DRAME DE PAOLO GIACOMETTI

Je n'entrepris pas sans appréhension l'étude du rôle d'Élisabeth. Bien que les qualités de femme comme souveraine et comme personnage politique la rendissent célèbre dans le monde entier et qu'elle fût adorée en Angleterre, ses cruautés bien connues, son hypocrisie, ses haines implacables en faisaient un personnage haïssable et très antipathique à ma nature.

Ma répugnance était telle que j'étais sur le point de renoncer à jouer le rôle; mais mon chef de troupe, alors directeur de la Compagnie royale au service de Sa Majesté Sarde, me représentait combien mon refus allait lui être préjudiciable. Pendant mes lectures, mes recherches sur le personnage d'Élisabeth, les répétitions avaient continué. Tout était prêt : l'engagement envers le public était formel.

Je dus me résigner, et l'effort même que j'avais fait pour m'assimiler le rôle me donna assez d'assurance pour gagner les suffrages du public.

A ma première entrée en scène, mon maintien, mes gestes, ma voix devaient indiquer une personne habituée à manier les affaires difficiles de l'État et à considérer son opinion comme indiscutable, une personne à qui sa culture et sa connaissance parfaite des langues étrangères faisaient éprouver des satisfactions rares. On raconte, en effet, que la reine Élisabeth répondit en latin à un ambassadeur polonais qui lui avait fait, dans une harangue, des ouvertures indiscrètes, croyant qu'elle n'était pas bien versée dans cette langue. Elle se plaignit ensuite auprès de ses favoris d'avoir été forcée de dérouiller son vieux latin (épisode historique).

J'avais soin de faire remarquer au spectateur comment, malgré son inclination pour le comte d'Essex, Élisabeth plaçait tous ses admirateurs sous le même niveau de son sarcasme, et de son mépris, dès qu'elle pouvait supposer qu'un de ses favoris osait élever son ambition jusqu'à prétendre à sa main.

Il y a dans ce premier acte une scène remarquable dans laquelle Giacometti, par une de ces inspirations qui lui sont familières, imagine un contraste d'action difficile servant de trait caractéristique au personnage et donnant en même temps à l'actrice l'occasion d'affirmer son talent. Élisabeth doit dicter deux lettres à la fois, l'une à son secrétaire Davison et l'autre au jeune philosophe Bacon. La première, destinée à Leicester, doit être écrite sur un ton de souveraine irritée; c'est une réponse à un message envoyé par lui dans lequel il communique à Sa Majesté les ovations qu'on lui a faites en Hollande et pousse l'audace jusqu'à lui demander la permission d'accepter la couronne de Belgique que les comtes Egmont, de Horn et Flessing sont venus lui offrir au nom des Provinces-Unies; le tout sur un ton emphatique, allant même jusqu'à employer le langage habituel aux souverains, ce qui avait exaspéré la reine.

La seconde lettre contenait un ordre qu'elle voulait donner au juge Pophan.

Quoique Bacon connût la répugnance d'Élisabeth pour la dernière œuvre de Shakespeare, *Henri VIII*, où l'auteur avait osé la mettre en scène ainsi que son père et sa mère, il espérait réussir à lui arracher le consentement de la représenter en la suppliant à genoux d'en écouter quelques fragments. Elle avait consenti de mauvaise grâce.

Alors Bacon, avec toute l'emphase que mettrait un auteur à lire son propre ouvrage pour le faire apprécier (quelques-uns soutiennent que ledit drame est de Bacon lui-même), déclama devant elle les fragments de l'œuvre qui prédisaient la grandeur, la prospérité, la longue vie d'Élisabeth, et qui parlaient avec enthousiasme de sa magnanimité et de sa réputation de *Reine Vierge* (Virgin Queen). Le stratagème de Bacon réussit complètement, et Élisabeth écrit immédiatement au bas du manuscrit sa volonté de voir représenter le drame d'*Henri VIII* au théâtre de la cour, à Windsor, dans le délai d'une quinzaine de jours. Mais Bacon lui ayant expliqué que la chose ne pouvait avoir lieu tout de suite parce que Shakespeare était en prison pour dettes, elle lui dicte séance tenante une lettre au juge Pophan pour lui faire savoir qu'elle consent à la représentation d'*Henri VIII*, et qu'en même temps, elle le condamne à payer toutes les dettes de Shakespeare selon la note que lui présenterait sir Bacon, pour le punir d'avoir défendu la représentation d'un drame où sa souveraine est exaltée. Elle terminait en disant :

J'espère qu'une autre fois vous mettrez des lunettes pour mieux distinguer le blanc du noir.

Je dictais ces deux lettres en même temps, celle de Leicester avec un ton sévère lui déclarant « que les couronnes n'étaient pas faites pour sa tête et encore moins celle de Belgique refusée par sa souveraine ». Je lui donnais l'ordre de remettre immédiatement le commandement des troupes entre les mains de sir Walter Raleigh, sous peine de le faire saisir par un régiment de cavalerie. Cette dictée faite avec colère alternait avec l'autre adressée à Pophan sur un ton familier, froid, autoritaire et comique à la fois comme l'exigeait la fin de la lettre. Ce contraste piquant produisait tout l'effet que l'auteur avait recherché.

Le II⁰ acte contient des scènes vraiment remarquables et l'auteur les a si bien tracées en réunissant divers événements de la vie d'Élisabeth, en les reliant entre eux avec art, en se servant de toutes les libertés de temps et de lieu permises à la scène, sans altérer en rien la marche régulière de l'action, que la liaison en paraît toute naturelle et intéressante.

J'avais une prédilection pour le deuxième acte parce qu'il me permettait de jouer un peu la comédie, genre que j'avais étudié passionnément avant de traverser les Alpes pour me rendre en France (1855).

Il y a dans ce II⁰ acte notamment une

scène de coquetterie avec le comte d'Essex dans laquelle Élisabeth, tantôt paraît accepter l'amour que le comte montre pour elle, tantôt prend le ton d'une souveraine offensée.

Dans le monologue qui suit cette scène, l'auteur met en évidence tous les sentiments qui caractérisent cette reine. Tandis que l'amour semblait devoir enfin la subjuguer, son orgueil indomptable, la fièvre du despotisme qui la dévorait et qui étouffait dans son cœur les sentiments tendres et aimables de la femme, la rendaient honteuse de sa faiblesse :

... Si je me décidais à l'épouser ?... Quoi ? céder au Parlement, aux puritains, à Wentworth ? Partager mon trône avec un autre ? Ne plus être seule ? Ne plus être l'arbitre de tout et de tous ?

Son caractère fier et hautain reprenait le dessus et elle se repentait presque de s'être laissée surprendre un moment par cette faiblesse féminine.

Pendant qu'Élisabeth est dans cette disposition d'esprit peu favorable, se présente son secrétaire Davison, porteur d'une lettre de Marie Stuart et d'une sentence de mort contre cette dernière, au bas de laquelle la reine doit apposer son sceau royal.

Élisabeth réprime avec effort une exclamation de joie et cache son émotion sous le couvert de la pitié. Elle parcourt la lettre de la malheureuse prisonnière avec une impatience mal dissimulée, mais lorsque, à la fin, elle lit que Marie Stuart désigne comme son unique héritier et son successeur au trône d'Écosse (croyant son fils Jacques allié avec ses meurtriers) le roi d'Espagne Philippe II, prise d'un de ses accès de rage, elle se dit à elle-même avec un sourire moqueur :

Je me charge de l'exécution de ton testament, et, en attendant, je t'envoie au milieu des anges.

Dans la scène de dissimulation d'Élisabeth avec Jacques VI, qui vient lui demander la grâce de sa mère, la menaçant de venger sa mort, lui faisant comprendre aussi quel terrible exemple elle donnait à son peuple, l'expression marquée de mon visage, mon regard sévère et pénétrant, mes lèvres serrées, devaient laisser voir au public la tempête qui s'agitait en moi. Mais à l'arrivée de Davison qui prononce à voix haute ces paroles :

En ce moment le bourreau montre au peuple la tête de Marie Stuart.

la tempête que la colère avait allumée en moi faisait place à une complète transformation et je laissais échapper un cri de joie irrésistible qui passait inaperçu au milieu de la consternation de tous les assistants et que je réprimais bientôt, éclatant en cris de fureur contre ceux qui avaient fait exécuter la sentence. Avec la même rapidité je donnais à mon visage une expression de douleur tellement exagérée que je trompais ainsi Jacques VI lui-même, qui ne savait pas discerner si ma douleur était vraie ou simulée.

Restée seule avec mes courtisans, je continuais de feindre la douleur en pleurant et déclarant que je terminerais mes jours dans un couvent dans la pénitence et la contemplation, lorsqu'un aventurier que l'on croyait mort ou prisonnier, François Drack, par son retour imprévu, venait apporter un changement total dans toute mon attitude. La mort de Marie

Stuart, les résolutions hypocrites, la fausse politique, tout passait au second rang, envahie que j'étais par l'angoisse fébrile de connaître le résultat de la mission confiée à Drack. En apprenant que les armements de l'Espagne étaient tellement prodigieux qu'ils suffisaient pour conquérir l'Europe; que la flotte divisée en deux escadres occupait d'une extrémité à l'autre un espace de sept milles, que les généraux les plus vaillants étaient avec les Espagnols, de sorte qu'on appelait déjà leur flotte l'*Invincible Armada*, mes yeux jetaient des flammes et avec un éclat de voix je m'écriais :

Ah! j'ai réussi enfin!

Le IIIe acte renferme, pour Élisabeth, peu de scènes dont l'interprétation soit intéressante par la difficulté artistique, à l'exception de deux situations : l'épisode historique de Marguerite Lambrun et la punition d'Essex.

Lorsqu'on m'amenait Marguerite dont le dessein d'attenter à mes jours venait d'être découvert, je l'interrogeais d'un ton irrité, décidée que j'étais à la punir de mort : mais lorsqu'elle me déclarait d'un ton résolu, sans se troubler, que son projet était de me tuer pour venger sa malheureuse maîtresse Marie Stuart et son pauvre mari mort de douleur, je restais fortement impressionnée. Je lui demandais ensuite ce que je devais faire d'elle après un tel aveu, et Marguerite m'ayant répondu avec arrogance que je devais lui pardonner, je reprenais avec étonnement :

Et quelle garantie aurai-je que tu n'attenteras pas une autre fois à ma vie?

A cela Marguerite répondait :

Une grâce, Madame, qu'on entoure de tant de précautions, n'est plus une grâce, prenez donc ma tête!

Cette arrogance, cette témérité, ce courage d'expression qu'Élisabeth n'avait jamais rencontré dans le cours de son règne, l'avait subjuguée... et après un moment d'hésitation, cédant à une poussée de générosité, elle lui disait rapidement, de peur de se repentir :

Eh bien! va-t'en, mais dépêche-toi!

Pour donner à cette scène le coloris qu'elle

exige, j'ai cru bien deviner l'intention de l'auteur en exprimant, avec des intonations de voix et des jeux de physionomie marqués, les contrastes de générosité et de grandeur qui étaient des instincts caractéristiques de la grande reine.

L'autre situation importante commence à la réception que fait Élisabeth aux trois vainqueurs de Cadix. Mon jeu devait laisser voir mon dessein de me venger du comte d'Essex à cause de l'amour qu'il partageait secrètement avec lady Sarah et que j'avais découvert, et parce qu'il avait dépassé les pouvoirs qui lui avaient été confiés. Dans le discours que j'adressais aux vainqueurs, je commençais par faire leur éloge et par les remercier en mon nom et au nom de toute l'Angleterre de la victoire importante obtenue sur la formidable flotte espagnole. Je nommais Dracke grand amiral; lord Howard comte de Nottingham : quant à Essex, qui s'était approché du trône comme les autres et agenouillé respectueusement à mes pieds et qui attendait aussi la récompense due à ses exploits, je commençais par lui dire avec une voix insinuante et tranquille, comme pour le préparer à recevoir la récompense méritée, que j'admirais la valeur dont il avait fait preuve pendant le conflit. Puis j'ajoutais :

> Quant à vous, Robert d'Essex... ayant oublié vos devoirs de sujet, ayant refusé d'obéir à celui qui avait été investi du pouvoir suprême sur nos armées de terre et de mer, vous étant rendu rebelle aux ordres de votre reine, avant de vous récompenser nous attendons d'autres preuves d'obéissance et de soumission.

Tout cela était dit d'une voix ferme, sévère, vibrante, comme avec l'intention que chacune de mes paroles l'atteignît au cœur, en l'humiliant devant tous.

Le comte, revenu de son étonnement, commençait par exhaler toute sa rancune pour l'injustice qu'il subissait, et terminait par me reprocher d'avoir comblé d'honneurs et de distinctions lord Howard, qui, disait-il, n'avait gagné la bataille que parce qu'une furieuse tempête avait détruit et poussé contre les écueils les vaisseaux espagnols !

Je lui ordonnais inutilement de se taire. Mon indignation augmentait peu à peu en entendant le comte se vanter d'être descendant de roi. Mais quant à la défense que je faisais à lord Howard d'accepter le défi du comte d'Essex, celui-ci disait avec un sourire ironique : « Les ducs et les comtes ne peuvent plus se battre en Angleterre sans le consentement de la reine, » ma colère débordait jusqu'au point de lui jeter vivement mon gant à la figure !

Essex, perdant toute raison, exaspéré de l'injure reçue, oubliant toute considération de convenance et de respect envers sa souveraine, éclatait en horribles invectives contre elle, l'accusait d'avoir fait fondre sa couronne avec celles des ducs et des comtes, d'avoir rabaissé le trône au niveau du divan de Mahomet, d'avoir annulé tout privilège; — et comme si cela ne suffisait pas, il comblait la mesure en l'appelant

Vestale de l'Occident qui, plus d'une fois, a laissé éteindre la flamme sacrée sur le trépied de Jupiter.

Toute la contre-scène et l'accent que je devais donner aux quelques paroles que j'avais à dire dans les différents points saillants de cette fin d'acte étaient si bien indiqués et si bien marqués par l'auteur, que je n'avais aucune peine à les rendre. J'avais bien soin de ne jamais oublier que j'étais une reine, même au milieu de ma fureur, et que cette reine était Élisabeth d'Angleterre.

Entre le IIIᵉ et le IVᵉ acte, il y a un espace de quelques années durant lesquelles Essex, après avoir reçu son pardon, est rentré en grâce auprès d'Élisabeth et est envoyé par elle comme général en Irlande chargé de pleins pouvoirs pour y réprimer avec énergie les révoltes et les tumultes qui avaient lieu à tout moment. Mais cette entreprise eut une issue malheureuse à cause de l'incapacité du nouveau général. Son orgueil, son imprudence, le conduisirent jusqu'à soulever l'étendard de la révolte contre sa souveraine. Il fut pris, arrêté et condamné à mourir sur l'échafaud.

C'est à ce moment de l'histoire que s'ouvre le IVᵉ acte. Élisabeth commence déjà à se courber sous le poids des ans. La douleur de se voir forcée à user de rigueur avec un homme qui lui avait été si cher, le seul qu'elle eût vraiment aimé, contribue à abattre son esprit.

Je m'efforçais de laisser paraître les progrès de l'âge (65 ans) en courbant ma personne, mais pas assez pour ne pas laisser voir qu'Élisabeth conserva sa constitution de fer jusqu'à la mort de son favori.

Comme lady Burleigh était inquiète de l'agitation dans laquelle elle me voyait, je m'efforçais de lui cacher le vrai motif de mon altération, et je lui disais :

Tu le sais bien. Lorsque je dois condamner quelqu'un à mort, j'éprouve des souffrances cruelles, indicibles.

Mais ensuite je laissais, malgré moi, échapper de mes lèvres que la véritable cause de mon trouble était la crainte qu'Essex ne m'envoyât pas à temps l'anneau que je lui avais donné dans un moment de tendresse, avec la promesse solennelle de lui pardonner chaque fois qu'il me le ferait présenter. Lady Burleigh, en exprimant la conviction que le comte n'avait pas osé lui envoyer l'anneau, sachant combien il était coupable et craignant d'offenser plus encore la reine, me proposait de se rendre à la Tour comme de son propre chef, pour conseiller au comte de se confier à la clémence et à la magnanimité de sa souveraine. Alors, sans que lady Burleigh le remarquât, je montrais la joie que me faisait cette proposition ; mais craignant de manquer à ma dignité offensée en cédant à une impulsion de mon cœur, je lui défendais, avec un effort évident, de mettre son projet à exécution, et lui disais durement :

Arrêtez, Anne! s'il est fier comme Lucifer... eh bien, qu'il aille le trouver!

Cependant lorsque le ministre Burleigh apportait la sentence de mort du comte d'Essex que la reine doit signer, Élisabeth ne pouvait pas cacher entièrement l'émotion qui la dominait : avec effort elle contenait sa colère contre les juges qui s'étaient pressés de formuler la sentence, ordonnait à tous de se retirer et demandait à Burleigh de lui envoyer Davison, le garde des sceaux.

Restée seule et pouvant ainsi donner libre

cours à mes sentiments, je poussais d'abord de longs soupirs, puis je dépliais sur la table le fatal parchemin, et le considérais d'un air triste et douloureux comme s'il me semblait incroyable que je dusse y apposer mon nom pour envoyer à la mort le seul homme que j'eusse aimé! Tour à tour perplexe et résolue, le public devait évidemment entrevoir le combat qui s'agitait en moi! Comme pour me fortifier et m'empêcher de céder à une faiblesse féminine, je voyais la justice et la nécessité de cette mort :

Il faut qu'il meure comme sont morts les autres conspirateurs... Suffolk..., Parry..., Babington..., Lopez..., comme est morte une reine d'Écosse!...

A chacune de ces interruptions, je faisais le geste de plonger ma plume dans l'encrier, et puis le cœur me manquait de nouveau. Afin de m'encourager je me disais à moi-même :

Mais si je lui pardonne... ce serait avouer ma faiblesse!... Faible, moi? Jamais.

Et de nouveau, je me préparais à signer. Cependant je faiblissais encore et, avec un geste contre moi-même, je jetais la plume à terre. L'espoir me prenait par moments que peut-être la fierté du comte était déjà tombée en face de la mort... qu'il avait déjà remis l'anneau à quelqu'un pour qu'on me l'apportât.

Remplie de cet espoir je sonnais violemment pour demander si aucun message de la Tour n'était arrivé pour moi. Mais à la réponse négative que je recevais, épuisée, je tombais dans mon fauteuil en m'écriant :

Orgueil! orgueil! Mourir... lorsqu'on a la vie dans ses mains!

L'auteur se sert de cet épisode historique de l'anneau pour montrer quelle importance il a dans la mort du comte d'Essex et combien il a accéléré celle d'Élisabeth. Voici ce qu'écrit Lally Tollendal :

Il perdit sa tête sur l'échafaud et la douleur qu'éprouva la reine de se voir forcée à une telle rigueur envers un homme qui lui avait été si cher, la plongea dans une profonde mélancolie. Deux ans plus tard, lorsque la comtesse de Nottingham à son lit de mort avoua l'infidélité que son mari l'avait forcée de commettre en l'empêchant de transmettre à la reine l'anneau qui devait témoigner son repentir et qui était un gage de la clémence de sa souveraine, Élisabeth ne put retenir sa profonde émotion : « Dieu peut vous pardonner, dit-elle à la comtesse mourante; quant à moi, je ne le pourrai jamais! » Ce fut pour elle le coup fatal, dès lors elle consentit à peine à prendre quelque nourriture et refusa tous les remèdes, disant qu'elle ne désirait plus que la mort.

Je me disais ensuite avec amertume que « lady Burleigh n'avait pas su me comprendre ». Je déplorais de me voir forcée pour la première fois, après tant d'années de règne, de désirer qu'on me désobéît! Pour faire taire en moi tout sentiment de repentir, je me représentais Essex comme un rebelle digne de toute rigueur. Et puis la crainte de commettre une injustice me faisait trembler de nouveau!... Les remords commençaient à me tourmenter et mon imagination me faisait voir le spectre de Marie Stuart qui, depuis sa fin tragique, venait toutes les nuits troubler mon sommeil... Puis, rentrant en moi-même, rougissant de mon enfantillage, dépitée et désolée à la fois de ce qu'on ne m'apportait pas l'anneau désiré, avec toute l'énergie dont mon âme virile et mon amour méprisé étaient capables, n'écoutant plus que des raisons d'État, et la dignité de la couronne, je sanctionnais la décision des juges en traçant rapidement le mot fatal. Le déchirement de mon cœur était accompli !

— Davison, envoyé par Burleigh, se présentait pour recevoir la sentence du comte. Je tressaillais douloureusement à sa vue, essayant de cacher l'altération de mon visage ; mais forcée de subir le sacrifice que le devoir m'imposait, je tendais lentement et d'une main tremblante le parchemin au garde des sceaux. Cependant, comme s'il m'eût semblé qu'en le retenant encore dans ma main j'eusse ainsi prolongé de quelques minutes la vie d'Essex, je laissais Davison essayer humblement de me l'arracher de la main que je serrais convulsivement. Davison, après s'être emparé du papier, s'approchait de la porte pour sortir ; et moi, assaillie de nouveau par un retour d'affection, je le rappelais d'un accent retenu. Davison se retournait pour attendre de nouveaux ordres... mais retrouvant bien vite le sentiment de ma dignité je lui ordonnais de se hâter de faire exécuter la sentence.

Davison parti, je laissais libre cours à mon désespoir et accusais Essex de m'avoir forcée à cette action !

C'est à ce moment que lady Sarah Nottingham arrive haletante demander la grâce du comte. Je ne voyais d'abord en elle qu'une rivale, et ma colère en augmentait. Mais lorsqu'elle me disait que le comte lui avait remis l'anneau, mon irritation contre elle cessait. Je doutais de ses paroles lorsqu'elle accusait son mari de lui avoir arraché de force l'anneau des mains ; mais, au serment qu'elle me faisait sur l'âme de sa mère, j'étais ébranlée. J'ordonnais à un page en grande hâte d'envoyer un messager sur mon fidèle Giauvvo, de le faire mourir à la course s'il le fallait, pour rejoindre Davison qui était allé à la Tour, et lui enjoindre de déchirer la sentence d'Essex, promettant une couronne de comte à celui de mes vassaux qui réussirait à rejoindre Davison... Au bout de quelques instants, Burleigh arrivait pour me communiquer l'exécution de la sentence !

— A cette nouvelle, je demeurais pétrifiée, puis retombant sur mon siège je murmurais : « Mort ! mort !... » Je me relevais peu à peu et les yeux injectés de sang, les lèvres tremblantes, je commençais le discours magnifique que Giacometti met dans la bouche d'Élisabeth à la fin de cet acte :

Mort !...
Robert n'est plus ! le seul homme que j'aie vraiment aimé ! Et c'est moi qui l'ai tué ! et personne n'a osé demander grâce pour lui ! Tous le haïssaient... et cependant pas un n'était digne de baiser la poussière que son cheval soulevait en un jour de bataille.

Apercevant Bacon qui était resté à l'écart, et me jetant sur lui comme une furie, je l'obligeais à avancer et je lui disais en mettant dans mes paroles tout le venin d'une vipère :

Et toi, misérable ! tu n'étais rien et tu ne dois qu'à Robert d'être devenu quelque chose ; à lui tu dois les honneurs dont je t'ai comblé. C'est lui qui t'avait généreusement racheté de la honte et des dettes ! Il pouvait compter sur toi et tu ne l'as pas défendu. C'était ton devoir sacré de disputer sa vie, même à moi. Tu devais me montrer l'Irlande soumise, Cadix en flammes... Tu devais ouvrir sa cuirasse, compter ses blessures une à une et me les offrir pour le rachat de sa vie. Au lieu de cela, tu as préféré guider la main des juges quand ils ont décrété le fatal arrêt, et la mienne quand je l'ai confirmé. Sois maudit, sois maudit à l'égal de Caïn !

Tous les assistants s'avançaient pour calmer ma fureur :

Sortez ! sortez tous ! je le veux !

leur disais-je d'un ton impérieux.

Restée seule suffoquée par la douleur et ébranlée par tant d'émotions, je n'osais pas lever les yeux au ciel, craignant sa colère, et je tombais à terre en prononçant ces paroles :

Ici, dans un lac de sang... seule avec mes remords... et avec Dieu !

Et la toile tombait :
Dans le Ve acte, Élisabeth touche à sa fin, et, d'après l'histoire, quoique consumée par une maladie de langueur, son tempérament de fer se manifeste encore de temps en temps.

A mon apparition sur la scène toute ma personne présentait les changements que l'âge et le chagrin devaient avoir opéré en moi. Et comme les paroles que je devais dire déno-

taient le soin que je mettais à tromper mes courtisans sur les progrès rapides que le mal faisait en moi, j'entrais en scène, revenant de la Chambre des communes, donnant le bras à Burleigh, et couverte du manteau royal et la couronne sur la tête. J'avais l'air d'une personne qui se trouve sous l'impression d'une agitation nerveuse, dont la cause était une vive discussion qui avait eu lieu au Parlement. En racontant ce qui s'était passé, je montrais une virilité, une force qui devait surprendre et étonner ceux qui m'entouraient.

Pour faire comprendre au public que non seulement l'âge était la cause de la décadence physique d'Élisabeth, mais encore les souffrances morales, je m'étais efforcée de rendre ma coiffure négligée ; mon visage devait porter des rides profondes, les mouvements de mes mains et de mes bras dénotaient un effort ; en un mot, je faisais voir clairement qu'une douleur, soigneusement cachée, consumait mon existence.

Comme Burleigh me priait de m'asseoir pour me reposer, je refusais, disant que le mouvement, c'est la vie, et que, pour être restée trop longtemps assise dans ma litière, j'avais cru étouffer.

Je ne négligeais pas non plus de faire paraître l'impression douloureuse que j'avais éprouvée en voyant le peu d'enthousiasme qu'avait excité ma présence royale au milieu de mes sujets qui autrefois me saluaient par des acclamations.

Ce jour-là, en se rendant du Parlement au Palais, Élisabeth avait pu s'apercevoir que non seulement peu de personnes l'attendaient, mais encore qu'elles étaient restées impassibles en la voyant passer. Toujours hypocrite, elle aurait voulu cacher à tout le monde et à elle-même l'impression qu'elle avait ressentie.

Afin de découvrir la cause véritable de cette froideur, sans toutefois laisser percer le sentiment pénible éprouvé, j'adressais, tout en affectant un langage indifférent, la question suivante à Burleigh, fixant sur lui un œil scrutateur :

Dis-moi, as-tu ordonné à mon bon peuple de ne pas trop se presser sur mon chemin... et... de ne pas... m'applaudir ?

Sur la réponse négative de Burleigh, je fronçais les sourcils sans qu'il s'en aperçût. Puis recourant à une ruse, j'ajoutais d'un ton indifférent que si j'avais supposé cela, c'est que, sachant combien il me croyait malade, il aurait pu penser que la vue de la foule réunie sur mon passage pour m'applaudir m'eût fatiguée. Et pour le convaincre que j'étais parfaitement guérie, je commençais à raconter gaiement à tous la victoire que j'avais remportée à la Chambre des communes en défendant les prérogatives royales et comment, pour conclure ma défense, j'avais prouvé aux lords qu'en agissant comme ils le faisaient « ils oubliaient le principe de la loi civile ».

Ayant dit cela avec une complaisance presque enfantine, j'ajoutais : « Eh ! » comme si j'étais bien convaincue d'avoir parlé admirablement ; à quoi, en courtisan dévoué, Burleigh répondait affirmativement. — M'adressant ensuite à Bacon, je lui commandais de faire savoir à Shakespeare mon désir de faire jouer de nouveau *Henri VIII* parce que « j'étais tout heureuse de me voir née à peine dans les bras de ma marraine » ! Je donnais aussi des ordres pour les préparatifs d'une fête dans laquelle j'accordais à Burleigh l'honneur de danser avec moi. Après cela, je m'asseyais pour demander les nouvelles de la ville et, en apprenant que la capture du fameux Irlandais Comte de Tiron paraissait certaine, je m'adressais à Burleigh et lui disais en plaisantant :

Il me semble que j'ai chassé plus d'une mouche de la couronne d'Angleterre.
— Certes oui ! répondait Burleigh profitant de l'occasion, votre successeur la recevra resplendissante et respectée.

En entendant ces mots, je me relevais, fixais un regard long et pénétrant sur le visage de Burleigh, l'examinant avec soupçon parce que j'avais déjà entendu parler de sa correspondance secrète avec Jacques VI. Burleigh, devinant les soupçons de la reine excusait ses paroles en alléguant sa crainte de mourir avant d'avoir assuré la succession de la couronne. Je feignais de croire ce qu'il me disait et je parlais avec lui d'un air tranquille. Mais désireuse de mettre un terme à cette ridicule comédie je lui demandais :

— Voyons, sur qui tomberait ton bon choix?
— Personne n'en est plus digne que le roi d'Écosse,

répondait le ministre. Alors la colère que j'avais réprimée avec effort jusqu'à ce moment éclatait et je lui criais en le prenant par le bras :

— C'est ici que je t'attendais, traître!
— Burleigh, un traître?
— Oui, tu corresponds secrètement avec Jacques!
— Non, mais lui seul pourrait épargner une guerre civile à notre Angleterre.
— Tel est aussi mon humble avis, ajoutait Davison.

Au paroxysme de la colère je reprenais alors :

La guerre civile! la guerre civile! avec ce fantôme vous m'avez fait condamner à mort Suffolk, Marie, Babington... Robert d'Essex!...

A ce nom les fibres de mon cœur étaient remuées... l'angoisse me serrait la gorge... mes yeux se remplissaient de larmes et ne pouvant plus me contenir je répétais le nom de Robert en gémissant. Tout le monde m'entourait pour me calmer, mais la colère succédant à la douleur, je leur criais à tous de s'éloigner, car leur insistance à vouloir m'apaiser augmentait encore ma colère. Accablée par la douleur et par la souffrance physique, je réussissais à grand'peine à calmer mon agitation :

Après une petite pause, voyant que tout le monde était parti et n'étant plus forcée de simuler, mon corps et mon esprit reprenaient leur état réel.

Je me traînais vers mon lit avec effort, le corps plié, la tête baissée, et portant mes mains à mon front je touchais ma couronne :

Ah! elle pèse sur mon front! et pourtant je l'ai portée pendant 44 ans et elle m'a paru si légère!

Après un instant je la considérais tristement et disais : « Qui la portera après moi? » Puis j'ajoutais d'une voix altérée en repoussant la couronne : « Je ne veux pas le savoir! » Ensuite je pensais avec tristesse à mon passé glorieux et d'une voix qui faiblissait graduellement je déplorais de ne plus m'entendre dire que « je chevauchais comme Alexandre, que je marchais comme Vénus, que je chantais comme

Orphée... » Je déplorais que la foule ne m'applaudît plus, que ma litière passât dans les rues comme un cercueil !

Et je me demandais si mon âge en était la raison.

Cependant les années n'ont pas laissé de trace sur moi, disais-je. Pas un fil d'argent dans mes cheveux d'or !

Et je passais la main dans mes cheveux avec vanité et complaisance. Puis, avec un geste expressif, je faisais comprendre au public que je voulais m'en assurer en consultant le miroir ; mais à peine avais-je vu mon visage, que je me détournais avec dégoût en apercevant les rides profondes de mon front, la langueur de mes yeux, mes joues pâles et amaigries. Ma respiration se faisait courte... ma vue se troublait... mon esprit défaillait. Épouvantée, j'appelais au secours ; mais aussitôt, par un court retour de mon orgueil, je mettais mon mouchoir sur ma bouche afin de m'empêcher d'appeler. Mon malaise continuant, ma raison commençait à s'altérer. Je m'imaginais que j'étais entourée de ténèbres... je voyais des ombres blanches et des spectres sanglants. Pour leur échapper je me pelotonnais dans mon lit, mais j'étais atterrée par les têtes coupées que je voyais se glisser entre mes pieds et, en proie à des spasmes terribles, je retombais sur mon oreiller, demandant à mains jointes miséricorde et pitié!...

Revenue à moi, sans ouvrir les yeux et la voix mal affermie, j'appelais Burleigh pour me secourir. Mais Jacques VI, accouru aux cris de la reine, s'approchait et l'aidait à se relever sans qu'elle le reconnût. Quand, une fois debout, j'apercevais Jacques, j'appelais avec un cri de terreur mes gardes et mes dames pour me défendre. Alors, avec des mots entrecoupés par l'épouvante, j'indiquais de la main Jacques VI.

— Le roi d'Écosse est venu à Londres pour avoir des nouvelles de votre santé, me disait alors Burleigh.
— Mais, répondais-je, pourquoi porte-t-il dans ses mains la tête de sa mère? Que veut-il en faire?... Me la jeter au visage peut-être?...

A ces mots Jacques s'avançait vers moi, mais je me réfugiais dans mon effroi entre les bras de mes fidèles, couvrant mon visage avec mes deux mains comme pour éviter le contact de la tête mutilée de Marie Stuart.

Sur les protestations de Burleigh, de sa femme, de Bacon et de Jacques VI lui-même, je me calmais et, mettant ma main droite devant mes yeux, je regardais à travers mes doigts avec l'hésitation timide d'un enfant, si vraiment Jacques VI n'avait pas menti; je revenais peu à peu à moi-même, ma respiration était plus libre, un sourire apparaissait sur mes lèvres pâles, tandis que j'assurais que je n'avais fait qu'un rêve et je terminais en disant :

Je vais mieux! je vais mieux!

Mais déjà les derniers moments de la reine approchent, déjà les forces l'abandonnent, et Burleigh et son épouse la conduisent chancelante vers son lit sur lequel on la couche; alors se sentant mourir, elle consent à choisir son successeur.

Je regardais Jacques comme si je voulais dire que mon choix devait forcément tomber sur lui, je le faisais agenouiller devant moi;

lady Burleigh me présentait la couronne et je le couronnais en disant avec effort :

A genoux !... Je vous sacre... Roi !...

Ces paroles sortaient de mes lèvres comme si elles m'étaient arrachées du cœur. La foule avertie du balcon par un geste de Davison, que le grand acte était accompli, se mettait à crier :

Vive Jacques Ier, roi d'Angleterre!

En entendant ces cris, irritée je traitais mon peuple d'ingrat; j'arrachais la couronne de la tête de Jacques, je la posais sur la mienne, la tenant serrée entre mes mains, en criant :

Peuple ingrat, je vis encore!

Lentement on m'étendait sur mon lit... Avec le râle de l'agonie, je recommandais à Jacques « la bible et l'épée de mon père ». Le délire s'emparant alors de moi, le souvenir d'Essex me revenait... je croyais le voir... je lui tendais les bras comme si je voulais l'attirer à moi et lui donner le baiser du pardon... et après une courte lutte avec la mort, je succombais, les yeux vitreux, entourée de mes courtisans qui pleuraient et répétaient :

Elle est morte.

Voilà la façon dont j'ai compris l'interprétation de l'œuvre remarquable du regretté Giacometti. J'ai étudié, dans les limites rigoureusement historiques, ce caractère étrange de femme et de reine. Pour moi, je soignai les dernières scènes, que l'on peut considérer comme l'épopée du drame, avec la conviction que toute l'amertume de ces passages, de l'abattement à la force, était le prélude d'un adieu amer à un long passé de puissance; et je me suis efforcée d'interpréter cette situation, et de faire comprendre que cet état d'âme était une conséquence du prestige qui s'en allait et des remords qui augmentaient aux approches de la mort.

CHAPITRE XII

SECOND VOYAGE EN AMÉRIQUE

Je quittai, en mai 1867, comme je l'ai dit déjà, les États-Unis, où je revins au mois d'octobre par le paquebot l'*Europe*. Dans cette seconde traversée de l'Atlantique nous fûmes surpris dès les premiers jours, par une tempête si violente qu'un matelot du bord fut balayé par un coup de mer. On nous apprit que le malheureux avait à Marseille une femme et des enfants qui vivaient de sa solde. La tristesse fut générale parmi les passagers qui organisèrent immédiatement une soirée pour venir au secours de la pauvre famille. Le capitaine offrit spontanément de transformer la salle à manger en un élégant théâtre. Mme de Lagrange, qui, par une heureuse fortune, se trouvait parmi les passagers, voulut bien arrêter avec nous le programme d'une soirée artistique. La grande cantatrice devait chanter trois morceaux. Quant à moi, j'avais offert de jouer la scène de la rencontre des Deux Reines, du IIIe acte de *Marie Stuart*. Le temps se remettant au calme, nous pûmes fixer la représentation au lendemain; mais la mer avait grossi de nouveau au moment où le spectacle allait commencer, de sorte que nous entrâmes en scène le cœur assez mal disposé. J'étais en train de réciter l'invocation que Marie Stuart adresse aux nuages, lorsque je me sentis envahir par les terribles prodromes du mal...; l'acteur qui jouait le rôle de Talbot, me voyant pâlir et craignant une catastrophe, courut chercher un flacon de sels qu'il me faisait respirer entre deux tirades; je tins bon jusqu'à la fin. Acteurs et public faisaient bonne figure à mauvais jeu, et la représentation put se terminer gaiement dans les fous rires que provoqua un amateur français chantant une romance dont le refrain « Richard est mort », répété d'une voix de plus en plus sépulcrale tout à fait de circonstance, était peu encourageant pour les matelots de l'auditoire.

Cette fête de la charité eut encore un épilogue amusant le lendemain. Un passager qui s'était plaint énergiquement au capitaine de l'abandon dans lequel on avait laissé le navire resté, selon lui, sans direction, tandis qu'on s'amusait dans les salons, effrayé par les vagues dont la hauteur n'avait pas diminué, avait bravement enfilé sa ceinture de sauvetage et passé la nuit sur le pont. Cet homme affolé nous lançait des regards furibonds, à nous, cause innocente du danger qu'il avait cru courir.

Mon second séjour aux États-Unis fut coupé par une excursion à la Havane en janvier 1868. Ce paradis m'est resté en mémoire comme un tableau enchanteur. Mais ici encore, tant de peintures ont été faites de cette nature tropicale et de cette vie si séduisante dans sa nonchalance orientale, que je n'ose entreprendre aucune description.

. . . .

Je salue du fond du cœur les Havanais qui envahissaient tous les soirs notre théâtre et ne cessaient de m'acclamer. Le soir de mon bénéfice, nous donnâmes *Camma* et une petite pièce : *Ciò che piace alla prima attrice* (Ce qui plaît à une première actrice), où je déclamais les adieux de *Jeanne d'Arc*, admirablement traduits, de Schiller, par notre poète Maffei. Ce fut un triomphe, et, chose qui ne s'est peut-être vue nulle part, les femmes qui avaient envahi la galerie dite *Cazuela* réservée pour elles, y occupaient, dès deux heures de l'après-midi, toutes les places qui, dans ce gynécée, ne sont pas numérotées, de sorte que nous avons pu les voir, avant la représentation, occupées à manger les dîners qu'elles s'étaient fait apporter.

A ma sortie du théâtre on voulut dételer les chevaux de ma voiture. Je réussis à m'y opposer, mais ce ne fut pas sans peine, et je ne pus empêcher cette jeunesse enthousiaste, dont je ne voulais pas accepter des services de quadrupèdes, de grimper comme des chats sur la voiture au risque de se briser les pieds dans les rayons des roues. Il y en avait partout, jusque sur le siège du cocher. Quant à moi, j'étais littéralement enfouie sous les bouquets. Je suis souvent hantée par le spectacle magique de cette nuit des tropiques où, sous un ciel étincelant, je passais la revue de cette foule comme une reine, entre deux haies de *volantes* d'où les élégantes Cubaines, en toilette de bal, m'envoyaient des baisers, tandis que les cochers, tous nègres, retenaient avec peine leurs chevaux effrayés par la lueur des torches. Des mille et une nuits que j'ai passées à la belle étoile en revenant du théâtre, celle-ci était certainement la plus belle.

A mon retour des États-Unis, en septembre 1868, je parcourus de nouveau l'Italie pendant neuf mois. Je jouais à Bologne, au théâtre Brunetti, pour la première fois dans notre pays, le drame émouvant de Paolo Giacometti, *Marie-Antoinette*, qui avait eu tant de succès en Amérique. Ce rôle m'a toujours fascinée, et ce n'est pas seulement à cause de la vieille amitié que j'avais pour l'auteur que j'ai mis tous mes soins à rendre ses intentions jusque dans les moindres détails et à placer la mise en scène à la hauteur de cette tragique épopée de l'histoire. Mon amour pour la vérité m'avait poussée à visiter, en quelque sorte à étudier la cellule de la Conciergerie, dernière demeure de la malheureuse reine de France. J'ai rapporté de cette visite une impression douloureuse qui m'a longtemps poursuivie. J'entendais, en rêve, des soupirs dans ce cachot d'une martyre, et je croyais voir son ombre contre la muraille. Il fallut surmonter bien des difficultés pour obtenir la permission de jouer la pièce. L'autorité et la censure, mises en garde par la nature du sujet, soupçonnèrent, avant même d'avoir lu, qu'il s'agissait d'une apothéose de la démocratie. Le parti républicain, d'une part espérant trouver dans le drame la glorification de la Révolution française; d'autre part, rendu méfiant par l'attitude du gouvernement, menait grand tapage autour de la mise en scène; mais à la fin, grâce à l'intervention de personnages considérables qui étaient convaincus que je n'aurais jamais offert à mon pays un prétexte à désordres, la défense fut levée.

Enfin, la soirée si impatiemment attendue le 3 novembre était arrivée. Par une prudence peut-être exagérée, le nombre des gardes avait été renforcé, un piquet de cavalerie stationnait devant le théâtre. L'émotion était vive dans le public. Il y avait dans la salle un frémissement de mauvais augure. On y sentait la politique ; mais à mesure que l'action se développait sur la scène, les amateurs de tapage s'aperçurent qu'il n'y avait pas dans la pièce un mot à souligner par des bravos. Au contraire, la marche des événements et les paroles, mises dans la bouche des acteurs, scrupuleusement prises dans l'histoire, avaient produit dans l'auditoire un courant d'émotion et de pitié, capable de surmonter celui des mauvaises passions. Les larmes qui coulaient provoquaient des sympathies auxquelles les plus malveillants auraient dû se laisser entraîner. Mais la consigne était donnée par les meneurs, l'heure était marquée, il fallait du bruit. Les premiers signes de désapprobation se manifestèrent dès le II° acte. Au III° la salle devint houleuse, des sifflets éclatèrent, et le tapage nous empêchait de nous faire entendre. Le questeur (chef de la police) pâlissait dans sa loge ; le malheureux Giacometti s'essuyait le front et me faisait, de la coulisse, des signes désespérés. De mon côté, impatientée par les difficultés que nous avions à surmonter, exaspérée en constatant qu'une infime minorité voulait substituer sa rage et imposer ses passions aux douces émotions et à la sérieuse commisération qui avait jusque-là tenu la salle attentive, je m'approchais du portant où l'auteur s'appuyait prêt à défaillir : « Mais venez donc parler au public, vous, vieux libéral, on vous écoutera. » Il était trop troublé même pour comprendre le but et l'utilité de mes supplications, tandis que le public devenait toujours plus menaçant. Alors ma colère aidant, et sans hésitation, je me décidai à affronter moi-même la tempête qui grondait de plus en plus fort. Je m'élançai vers la rampe, faisant signe que je voulais parler. Un silence religieux succéda immédiatement au trouble. On était étonné et on allait m'écouter. Mon état de surexcitation m'avait laissée entièrement maîtresse de moi-même, les mots vinrent se placer tout seuls au service de ma pensée : « Messieurs, dis-je de ma voix la plus sonore, je croyais avoir fait acte de sagesse en choisissant la grande et noble ville de Bologne, dont la réputation de tact et d'intelligence est établie partout, pour présenter à l'Italie, une première fois, l'œuvre de notre illustre compatriote, Paolo Giacometti. Je n'ai pas la prétention d'imposer des applaudissements à ceux que nous n'avons pas contentés ; mais j'ai le droit de dire que, pour juger une pièce, il faut l'avoir entendue et écoutée dans le calme et sans l'esprit de parti qui vient de se manifester. »

Cette courte philippique me valut un tonnerre de bravos qui imposa silence aux perturbateurs. La pièce continua ; j'avais repris immédiatement mon rôle. L'acte terminé, le rideau baissé, je fus rappelée un grand nombre de fois, entraînant toujours avec moi le pauvre Giacometti dont je tenais la main. La scène avait été envahie par les représentants de l'autorité, questeur en tête, qui venaient me féliciter de mon courage et me remercier de la victoire que je venais de remporter. Le succès de la pièce était désormais assuré, et il fut si général et si populaire que lorsque, les jours suivants, je passais dans les rues de Bologne, les bonnes femmes s'arrêtaient et, me montrant du doigt, disaient : « Regarde, voilà Marie-Antoinette. »

Dans les premiers jours de juin 1869 nous quittions l'Italie pour nous rendre à Rio-de-Janeiro. Je débutai le 28 dans *Médée* au Théâtre Fluminense. Quoique le désir de m'entendre fût vif chez les Brésiliens et eût attiré une très grande foule au théâtre, honoré de la présence de Leurs Majestés et des princesses, à mon grand étonnement, au moment où je parus sur le haut de la montagne avec mes enfants, je reçus un accueil glacial. Pas un applaudissement, pas un murmure de sympathie! — Cette froideur inattendue me troubla. Mais, au premier effet scénique, quand Médée, avec des mots déchirants, tourmentée par les plaintes de ses enfants qui demandent du pain, s'écrie :

> Ne pouvoir épuiser ses veines goutte à goutte,
> Et leur dire : Prenez, buvez !... nourrissez-vous !

un frisson courut dans l'auditoire.

Bientôt l'émotion fut à son paroxysme quand Médée, en parlant à Créuse, affirme que, si elle découvrait sa rivale, elle s'élancerait d'un bond sur elle comme un léopard, pour la déchirer.

Public et souverains rivalisèrent pour me donner des preuves de leur satisfaction, et je passais d'émotion en émotion, au milieu de ce pays enchanté.

Quel esprit élevé, quelle érudition j'ai trouvé en don Pedro ! Il m'a honorée de son amitié dont je suis fière, et ni le temps ni l'éloignement n'ont pu diminuer en moi les sentiments de profonde reconnaissance et de respectueuse affection que je lui porte. Nous allions souvent à Saint-Christophe avec mon mari et mes enfants, et je ne saurais dire quelle bonté, quelle amabilité, quelle affection j'ai rencontrées dans cette famille vraiment angélique. J'ai eu bien des fois à admirer les talents et la culture profonde de don Pedro. Toutes les littératures lui sont familières. La rectitude de ses principes et l'esprit de justice qu'il apporte au gouvernement le font adorer de ses sujets. Ne visant qu'au développement et au bien-être de son peuple, il entreprend des voyages en Europe pour faire profiter son pays de tous les résultats obtenus par le progrès des sciences et de la civilisation. Mais je trouve inutile d'énumérer ici toutes les qualités et les vertus de l'empereur. La renommée les a fait connaître partout.

Je passais de surprise en surprise, pour les honneurs et les sympathies dont j'étais l'objet dans ce pittoresque pays. Il ne m'appartiendrait pas de dire tout ce que les habitants ont su imaginer pour me témoigner leur admiration, surtout à l'occasion de mon bénéfice. J'habitais une gracieuse *villa* dans un faubourg de la ville. Après la représentation, malgré la distance considérable, des milliers de personnes, dont un grand nombre munies de torches allumées, m'accompagnèrent jusqu'à ma maison. Sur les places que le cortège traversait, un corps de musiciens entonnait des hymnes nationaux ou italiens; la route semée de fleurs était à chaque instant éclairée par des feux de Bengale à couleurs variées. Arrivée à ma demeure, la musique, les acclamations durèrent jusqu'à une heure fort avancée de la nuit. Ce fut un spectacle si extraordinaire, tant dans l'ensemble que par les détails, que je me sens incapable d'en donner avec ma plume une idée suffisante.

De Rio-de-Janeiro je passai à Buenos-Ayres, inaugurant le 10 septembre avec *Médée* ma série de représentations.

D'autres joies m'attendaient dans cette contrée charmante où la nombreuse colonie italienne, qui honore, là comme dans toutes les régions lointaines, la mère patrie, me fit un accueil vraiment royal. Même succès à Montevideo où je m'arrêtai une dizaine de jours.

Je revins en Italie par Rio-de-Janeiro, où les échos de mon premier passage n'étaient point encore affaiblis.

En septembre 1871 je visitai les Principautés danubiennes : Bucharest, Galatz, Braïla, Jassy.

Mais quel triste voyage je fis pour entrer en Russie! Les moyens de transport étaient difficiles et rares : il fallait traverser des landes entières sans aucune voie tracée!... C'était ce que l'on pouvait bien appeler une *chaussée naturelle!* On dut louer des véhicules de toutes les formes et de tous les genres : plusieurs n'avaient pas même les sièges nécessaires pour s'asseoir en toute sûreté; mais force fut de nous en servir faute de mieux! Nous avions vraiment l'air d'une caravane d'émigrants. On avait attaché au cou des chevaux de la première voiture, qui se trouvait être la mienne, des grelots pour servir de guide dans l'obscurité de la nuit à celles qui suivaient. A chaque instant de forts cahots nous obligeaient à nous retenir des mains. La route, par ses montées et ses descentes constantes, nous rappelait la mer avec des vagues instantanément glacées. C'était en octobre et, quoique emmitousslés dans des fourrures et des plaids dont nous nous étions munis en prévision des voitures découvertes, nous souffrions cruellement du froid. Au matin nos cochers firent halte sans nous consulter, dételèrent les chevaux au beau milieu de la lande, et se mirent à leur donner une ration de foin et d'avoine, mangeant eux-mêmes leur fromage.

Voyant qu'il ne fallait pas compter sur le luxe d'une auberge ou d'une maison pour faire un petit déjeuner, nous dûmes nous résigner philosophiquement à imiter la simplicité de nos patriarches. Assis par terre sur nos couvertures, nous avions étalé nos provisions sur un châle étendu. L'excellent cuisinier que nous avions emmené avec nous (je veux dire l'appétit féroce de toute la bande) et le pittoresque du tableau — une vraie halte de Tziganes —nous mirent tous dans une folle gaieté, et jamais repas ne nous parut meilleur.

Arrivés à Kischeneff le 10, nous descendîmes au meilleur hôtel. Quel bonheur, après notre expédition de nomades! Ce ne fut qu'en prenant possession de nos chambres pour goûter un repos bien mérité que nous vîmes la limite du confort dont nous nous étions félicités. Nos lits ne contenaient qu'un seul petit drap. Les gens de service étant tous couchés, il fallut carillonner pour obtenir le complément nécessaire : toutes les sonnettes résonnèrent à la fois. Enfin nous dormions, lorsqu'au milieu de la nuit des cris de femme, à réveiller toute la maison, nous attirèrent derrière nos portes entr'ouvertes : les sonnettes sont en branle de nouveau, les domestiques accourent de toutes parts. Nous apprenons qu'une colonelle russe est la cause de tout ce bruit : son aimable mari est en train de lui infliger une correction dont elle a dû se souvenir. Les cris continuent toujours. Pris de pitié et d'indignation, nous envoyons le plus vigoureux d'entre nous au secours de la malheureuse ; la porte est fermée ; — sous les coups redoublés du sauveur qui veut entrer, le silence se fait et nous voyons apparaître dans le corridor éclairé... madame la colonelle courroucée mais peu vêtue, criant d'une voix de stentor : « Que nous voulez-vous ? De quoi vous mêlez-vous ? Mon mari a bien le droit de me battre, si cela lui plaît ! » — A quoi le plus flegmatique et le plus spirituel d'entre nous de lui répondre, avec un calme dont je ris encore : « Eh bien ! Madame, si cette cure vous est salutaire, veuillez la supporter sans cris. Quant à nous, nous avons besoin de sommeil ! Bonne nuit ! » — Je m'endormis en pensant à Molière !

De Kischeneff je me rendis à Odessa et de là à Kieff, à la fin de 1872 ; puis, après avoir touché Berlin et Weimar et parcouru la Belgique, je finis par prendre mes quartiers d'hiver à Rome afin de me reposer de mes longs voyages et des fatigues endurées.

Nous sommes en 1873, et pour la quatrième fois je retourne à Londres. N'ayant pas de nouvelles œuvres à interpréter, fatiguée de toujours répéter les mêmes choses, quoique avec un constant succès, un désir fiévreux de nouvelles émotions s'empara de moi. J'éprouvai le besoin de ranimer mon esprit par quelque forte secousse... et de plus grandes difficultés à vaincre. Je trouvai enfin de quoi satisfaire cette inquiétude. L'admiration que j'éprouvais pour les œuvres de Shakespeare, surtout pour le personnage de lady Macbeth, m'avait fait constamment désirer de me rendre assez maîtresse de la langue anglaise, et de payer, à leur tour, aux Anglais mon tribut de reconnaissance, en jouant la scène du somnambulisme, cette conception gigantesque du poète. Mais comment réussir? Je me le demandais à moi-même en tremblant.

Je pris conseil d'une de mes amies. Elle m'encouragea à mettre mon dessein à exécution, et offrit de m'aider à apprendre la scène dans le texte original.

J'avais gardé quelque réminiscence de mes classes, mais il n'y a rien de plus difficile que de se remettre en mémoire une langue quand on l'a négligée pendant des années. Cela m'effrayait, et pourtant l'idée d'entreprendre une chose aussi difficile me donnait du courage. Après quinze jours d'études infatigables, je me trouvais en mesure de tenter l'essai ; cependant pour ne pas risquer de compromettre ma réputation par un insuccès, j'agis avec prudence.

Je me décidai à réunir chez moi les critiques les plus importants de la grande métropole sans les prévenir de l'objet de l'invitation. Ils s'y rendirent tous ; alors j'exposai mon projet ainsi que le but qui l'avait inspiré.

Je les priai vivement de m'écouter et de me dire franchement et clairement leur avis, les assurant que je ne le prendrais pas en mauvaise part, s'il ne m'était pas favorable. Ma récitation terminée, ils se montrèrent très satisfaits, me corrigèrent dans la prononciation de deux mots seulement, et me conseillèrent d'annoncer au public cette tentative hardie.

Le soir de la représentation je me sentis faiblir. Mon cœur battait à se rompre. L'accueil bienveillant du public à mon entrée en scène me rendit mon énergie, et l'heureux résultat me récompensa mille fois des angoisses éprouvées.

Le succès augmenta mon ambition; j'aspirai à mesurer mes forces à des épreuves plus difficiles encore. J'osai songer à jouer le rôle de lady Macbeth tout entier, mais l'entreprise me parut tellement colossale que j'y renonçai en fin de compte.

CHAPITRE XIII

AUTOUR DU MONDE

Au mois de mai 1874, nous nous embarquions à Bordeaux pour entreprendre un grand voyage autour du monde, emmenant avec nous nos deux enfants et notre vieil ami le général Galletti qui fut toujours pour nous le plus aimable des compagnons.

Après avoir visité pour la seconde fois Rio-de-Janeiro, Buenos-Ayres, Montevideo, le 15 juillet nous quittions cette ville et nous prenions passage sur le magnifique bateau anglais *Britannia*, en partance pour Valparaiso. Bientôt nous traversions le fameux détroit de Magellan. J'aurais trop à dire si je voulais ici raconter toutes les émotions éprouvées en contemplant pour la première fois le tableau que la nature déployait devant moi. Je dirai seulement que, contrairement à tout ce qui avait été prédit, un temps délicieux nous permit de rester tous sur le pont, chacun dans l'espoir d'être le premier à découvrir quelque point de vue ou quelque chose d'inconnu.

Notre désir fut bientôt satisfait. Voici une pirogue qui s'approche de notre bord : elle contient une famille de Patagons, à la haute stature, au visage allongé, aux cheveux longs et incultes, aux joues tombantes, aux dents blanches et saillantes. Ils me rappelaient mes vieilles connaissances les Peaux-Rouges, que j'avais souvent aperçus en allant en Californie. Je vois encore ces fantastiques Patagons presque nus sous leur couverture de guanaco. Par des signes ils suppliaient qu'on leur donnât à manger et à fumer. Nous voulions les contenter et nous priâmes le capitaine de ralentir la marche du navire, comme le faisaient les autres, nous disait-on. Je ne sais pour quelles raisons le nôtre n'y consentit point. Les malheureux en faisant force de rames nous suivirent, aussi loin qu'ils purent, de leurs clameurs irritées. Ce qui fait que de la langue patagonne je ne connais que les jurons... et ils sonnaient dur, j'en réponds.

En sortant du détroit, dont la traversée avait duré trente-six heures, nous arrivâmes au cap Pilar; de calme, la mer devint tout à coup furieuse et nous avions de la peine à nous tenir debout dans nos cabines. J'ai vu une file de domestiques s'étalant par terre sur les plats bouillants qu'ils nous apportaient. Les loups de mer avaient le cœur gros. La nuit, je fus obligée de me faire attacher avec une courroie fixée à l'anneau de mon hublot; cependant une lame donna une telle secousse que mon lit fut renversé avec moi et je restai suspendue par le poignet. J'étais trop malade pour me tirer de cette incommode situation, et les gens qui vinrent à mon secours, trébuchant eux-mêmes, formèrent bientôt avec moi un curieux tableau! Nous avions ainsi fait une connaissance complète avec ce « Pacifique » Océan

Le 1ᵉʳ août nous abordions à Valparaiso : et peu après je débutai dans cette ville. Mon séjour à Valparaiso, à Santiago, à Quillotta, dura deux mois. Les faveurs dont je fus l'objet de la part du public ne furent pas moins grandes que dans les autres pays.

Le 18 octobre j'étais à Lima, la belle capitale du Pérou. Là, comme partout ailleurs, je jouai d'abord *Médée* : je trouvai un auditoire intelligent, facile à l'enthousiasme, qui me prodigua des attentions sans fin.

Qu'on me permette ici un souvenir :

J'étais loin de supposer que parmi les quelques passagers que la *Britannia* prit en passant à Puenta Arenas, au beau milieu du détroit de Magellan, il s'en trouverait un qui, deux mois plus tard, viendrait troubler notre paisible séjour à Lima. Ce personnage, ***, était un petit homme brun, à la mine décidée, peu loquace de sa nature, et d'un abord peu engageant. Il est vrai que les bruits qui circulaient sur son compte dans notre petite colonie flottante, ne nous inspiraient point le désir de le tirer de sa taciturnité. On disait en effet que ce ***, Péruvien, avait été le chef d'un vaste complot ayant pour but de renverser le Président de la République Péruvienne. Il ne s'agissait rien moins que de faire sauter un train qui emmenait le Président et les hauts fonctionnaires de l'État à l'inauguration d'une nouvelle ligne de chemin de fer. A tort ou à raison on accusa *** d'avoir inspiré cet horrible attentat, et il fut condamné à l'exil. Ce compagnon révolutionnaire débarqua à Coronel, premier port du Chili où notre paquebot faisait escale; Nous étions à peine installés à Valparaiso que le bruit se répandit que ***, rejoint par quelques-uns de ses partisans, avait frété un clipper marchand et fait voile pour une destination inconnue.

L'agréable séjour de Valparaiso et celui de Santiago avaient effacé de notre souvenir le nom et les gestes de ***, lorsque, dès notre arrivée à Lima, nous apprîmes qu'il venait de débarquer sur la côte péruvienne où il guerroyait, à la tête d'une petite armée, contre les soldats du gouvernement. Les Liméiens, coutumiers du fait, ne s'émouvaient nullement de cet état de choses. Les révolutions et les contre-révolutions sont à l'ordre du jour dans ce bienheureux pays, où la présidence si ardemment recherchée coûte le plus souvent la vie à l'ambitieux qui s'en est emparé : tel du moins avait été généralement le sort des chefs du gouvernement péruvien jusqu'en 1874. En dehors des journaux qui, chaque matin, nous donnaient les nouvelles de la guerre, nous avions un bulletin vivant et intéressé dans la personne d'un domestique indigène que nous avions loué pour aider nos gens. Il avait tenu à s'affubler lui-même du titre pompeux de « majordome ». Quoique engagé pour aller au marché et faire les commissions, il ne fut plus possible de lui faire franchir le seuil de la maison. A chaque nouvelle peu favorable au parti présidentiel, notre « majordome » prenait des attitudes tragiques, et ne cessait de nous imposer ses lamentations. Au début, nous ne savions nous expliquer le goût de séquestration qui s'était emparé de lui, quand un beau jour notre maître d'hôtel, le forçant à sortir, le vit prendre avec désespoir une canne à épée,

« avec laquelle, dit-il, il saurait se défendre, car il n'avait aucune envie de se battre ». — « Mais il s'agit d'aller au marché, et non de vous battre. — Mais vous ne savez donc pas quel danger je cours à chaque coin de rue. Le gouvernement, se trouvant à court de soldats, fait un recrutement forcé, et l'on peut mettre la main sur moi d'un moment à l'autre ? »

En effet, bientôt nous pûmes nous assurer de la légitimité de ses craintes. Des enrôleurs avec deux soldats se tenaient aux carrefours les plus populeux ; à chaque homme du peuple qui passait, on enjoignait de s'arrêter ; s'il n'obéissait pas, c'était avec le « lasso » qu'on s'emparait de sa personne.

Cependant *** et ses adhérents s'avançaient vers la capitale, et un beau matin le Président partit à la tête de la garnison de Lima pour marcher contre cet ennemi redouté par la grande majorité du pays, ne laissant dans la ville que les gardes de police. Dans toute la capitale nous étions les seuls, je crois, à nous étonner de ces événements entrés depuis longtemps dans les mœurs péruviennes.

Nous revenions, un soir, d'une excursion des plus intéressantes en chemin de fer sur la grande ligne de l'Oroya, à travers les Andes, ligne projetée par M. Meiggs pour réunir le Pérou au fleuve des Amazones; en quelques heures nous nous étions élevés de 14.000 pieds en traversant les zones de végétation les plus variées, rencontrant des troupeaux entiers de lamas, soit en liberté, soit employés comme bêtes de somme. Nous étions en train, réunis à table, de raconter les charmantes impressions de la journée à un ami péruvien, qui dînait avec nous, lorsque tout à coup les cris de : *Sierra Puerta! Sierra Puerta!!* se firent entendre dans la rue. Au même moment une femme épouvantée se précipita dans notre *patio* en disant éperdue: *Jesus Maria, la Revolucion !!* et notre malheureux *majordome*, plus effrayé que la femme même, s'élança vers la porte de la maison qu'il ferma avec force cadenas et verrous. Naturellement la curiosité nous poussa aux fenêtres, d'où nous vîmes que nos voisins prenaient à la hâte les mêmes précautions, et en cinq minutes la rue était déserte. Une légère fusillade, qu'on entendait au loin, nous fit rentrer prudemment nos têtes. « Mais enfin ! qu'est-ce que cela signifie ? demandions-nous à notre hôte nullement troublé par cet événement. — C'est un *Sierra Puerta !* Oui, chaque fois qu'un Président est obligé de quitter Lima avec la garnison, pour étouffer une révolution, il est rare que les deux camps n'en viennent pas aux mains dans la ville même, où les gardes de police, trop peu nombreux pour maintenir l'ordre, ont la consigne, avant de rentrer à la caserne, de parcourir la ville en criant : *Sierra Puerta !* Chacun alors ferme sa porte, attendant patiemment les événements. On peut attraper de mauvais coups, si on reste dans la rue ; mais les maisons ne sont jamais envahies. Nous pouvons continuer paisiblement notre dîner. » Il était superbe d'indifférence et de calme, notre Péruvien. Mais la curiosité ne trouvait pas son compte à ces conseils, et malgré tout, nous restâmes à la fenêtre. Nous ne voyions et nous n'entendions plus rien : les coups de fusil avaient cessé, et après quelques instants, à chaque porte entre-bâillée apparaissaient timidement les têtes de nos voisins. Peu de temps après, les gardes reparurent dans la rue, apportant la nouvelle rassurante qu'il ne s'était agi que d'une fausse alarme, et que le télégraphe venait d'annoncer une grande victoire remportée sur les rebelles. Tout est bien qui finit bien. Nous ouvrîmes la porte, et, riant de l'interruption comico-tragique de notre repas, nous nous remîmes à table.

Le 28 novembre nous quittions Callao, le port de Lima, qui se trouve à peine à un quart d'heure de chemin de fer de la capitale, et nous montions à bord de l'*Oroya*, entourés de nos nouvelles mais sympathiques connaissances, qui avaient si largement contribué à nous rendre agréable notre séjour malheureusement trop court dans leur pays. Ce voyage du Pérou à Panama nous a particulièrement enchantés. La mer, toujours calme, permettait même aux plus mauvais marins d'entre nous de rester sur le pont nonchalamment étendus sur nos chaises d'osier à voir fuir au-dessus de nous des vols de pélicans, formant de larges taches blanches ou grises sur le fond bleu du ciel.

Nous frôlons presque les îles Lobos de Tierra et la chaîne aride de la Silla de Pyrsta, puis bientôt le décor change et ce sont des îles couvertes d'une végétation fantastique, de véritables jardins naturels où croissent, à l'état sauvage et pêle-mêle, tous les fruits savoureux des tropiques.

A Panama nous laissions l'*Oroya*, et en quelques heures le chemin de fer nous transporta d'un océan à l'autre, à travers un pays merveilleusement beau dont le souvenir est resté gravé dans notre mémoire comme un conte de fées. Cependant, la chaleur étouffante et l'atmosphère lourde et malsaine de ces régions firent que nous éprouvâmes un certain soulagement en mettant le pied sur la *Saxonnia*, navire allemand qui nous transporta à cette charmante petite ville de Saint-Thomas après avoir fait relâche à Curaçao. Là, le 16 décembre, nous reprenions un vapeur de la Compagnie anglaise, l'*Ebro*, à destination du Mexique.

Après avoir fait escale à la Havane nous voilà de nouveau à bord de l'*Ebro* et nous glissons doucement sur un miroir étincelant en plein golfe du Mexique. Chacun de nous en montant le matin du 25 décembre sur le pont avait dans le cœur une émotion douce et triste à la fois, et sur les lèvres un sourire bienveillant en donnant l'habituel *shake hands* à nos compagnons de voyage. — Nous ne sommes plus des indifférents les uns pour les autres ; les antipathies disparaissent ; nous avons un lien qui nous rattache : les mêmes regrets, — les mêmes souhaits. — C'est Noël, et des milliers de lieues nous séparent de nos foyers ! Les pensées qui aujourd'hui s'envolent comme des hirondelles sous ce ciel éclatant ne suivent pas la même direction, mais elles se comprennent entre elles et vont porter un peu de notre cœur à ceux que nous aimons là-bas, bien loin, où nous voudrions être. Notre maison flottante est en fête. Depuis hier la salle à manger n'a plus son aspect de tous les jours ; les panneaux des boiseries disparaissent sous des couronnes de houx apportées d'Angleterre — de larges rubans courent le long des corniches, soutenant des tableaux sur lesquels on lit : *A happy Christmas* (heureux Noël). Des guirlandes envahissent le plafond, et la table dès ce matin a pris des proportions gigantesques, notre capitaine ayant eu la touchante pensée d'effacer, pour une soirée, les distances, et de faire communier la première et la seconde classe de ses passagers devant le monumental pudding que les cuisiniers du bord ont préparé pour nous. A 7 heures nous étions tous debout devant nos places et le capitaine, après avoir dit une courte prière, nous saluait en s'asseyant, de ces mots : « A happy Christmas to you, Ladies and Gentlemen. »

Le repas fini, nous remontions sur le pont où nous attendait un feu d'artifice. Rien de plus fantastique que ces gerbes et ces pluies d'or dans cette nuit resplendissante des tropiques, sur cette mer aux reflets argentés où notre navire traçait son sillon lumineux. Les matelots lançait des *hourras* formidables à l'adresse de chaque nation représentée à bord, hourras qui vibraient au loin dans la grande solitude de la mer, et retentissaient en même temps dans nos cœurs. — Après le feu d'artifice on improvisa un bal en l'honneur des matelots et des passagers d'entrepont et le capitaine donna le premier signal de la danse. L'orchestre, qui se composait d'un accordéon accompagné d'un trombone, du plus singulier effet, se plaça près d'une branche de gui qu'on avait eu soin de suspendre par une corde au milieu du pont. De nos chaises nous jouissions de la gaieté de ces braves gens dont le rire se communiquait à nous tous chaque fois qu'une de leurs danseuses passait sous le fatal gui qui autorise en Angleterre un baiser de la part du danseur. A minuit tout était rentré dans le calme. Nous restâmes longtemps sur le pont silencieux, sous le charme de ce ciel merveilleux où chaque étoile semblait sourire et déverser sur nous des flots de lumière. Je ne pouvais me décider à rentrer dans ma cabine. Plus que jamais dans cette nuit de Noël je sentais mon âme envahie par une profonde reconnaissance envers Dieu qui nous avait protégés, moi et les miens, dans ce long voyage à travers les mers et m'accordait ce sentiment de repos, de tranquillité, d'espoir pour ce que j'allais encore entreprendre. — La cloche du bord qui sonnait deux heures me fit lever de ma chaise. Un matelot passait en ce moment : « A happy Christmas to you, and your dear ones (un heureux Noël pour vous et ceux qui vous sont chers), » lui dis-je. Je ne sais pourquoi je ne pus résister au désir de lui répéter le souhait avec lequel notre bon quartier-maître m'avait accueillie le matin.

Le 29 décembre nous entrions à Mexico, les yeux encore éblouis de toutes les beautés de l'admirable contrée que nous venions de traverser.

Le 31 décembre je commençai mes représentations dans la ville de Mexico : là aussi j'eus des témoignages de la plus grande estime. A mon retour, en me rendant aux États-Unis je jouai à Puebla, à Vera-Cruz. Cette fois je fus encore frappée par la tristesse lugubre de cette ville ! Ce n'est pas pour rien que Cortez lui a donné le nom de la Vera-Cruz, « Vraie Croix, » en souvenir des compagnons qu'il y a laissés. Quoique nous fussions dans la bonne saison, nous avions hâte de quitter ce pays de fièvre jaune, de vomito negro. Ce ne fut qu'en installant ma famille à bord de la *Ville-de-Brest*, bateau français qui devait nous ramener à New-York, que mes inquiétudes cessèrent.

Le 17 février, la mer était très agitée par le vent du Nord, fort violent dans le golfe du Mexique. Les bateliers, qui devaient nous mener avec nos bagages jusqu'au navire que nous voyons balancer dans la rade, refusèrent de nous y conduire tant les vagues déferlaient. Nous réussîmes enfin à les décider en leur offrant 60 francs pour la course de chacune de leur chaloupe. Nous courûmes de sérieux dangers : enfin, après une demi-heure passée sur ces coquilles de noix, nous arrivâmes à bord et nous dûmes partir sans bagages, les bateliers ayant refusé d'affronter encore la mer furieuse pour nous les rapporter.

Après une nuit fort agitée, le 27 février 1875 nous arrivions à New-York par le *Crescent City*, qui nous avait pris à son passage à la Havane. Heureusement le navire était neuf et solide, ce qui n'empêchait pas des craquements sinistres qui nous enlevaient le sommeil pendant la nuit.

Arrivés à New-York, de nouveaux ennuis nous attendaient. Toujours pas de bagages, et il fallait improviser costumes et costumiers, car nous n'étions pas à Paris! Cette préoccupation dura tout un mois, et chaque fois que j'entrais en scène, le fait seul que je n'étais point vêtue avec l'exactitude minutieuse que j'ai toujours apportée à mes costumes historiques me mettait mal à l'aise et m'empêchait pour ainsi dire d'entrer dans mon rôle.

Depuis le 27 février jusqu'à notre départ pour Sydney, nous restâmes aux États-Unis, y trouvant toujours la même amabilité et les mêmes preuves de sympathie. Mon voyage artistique dans ce pays devait prendre fin à San Francisco, où, après une série de représentations, nous nous embarquions le 21 janvier 1885, sur le *City of Melbourne* pour l'Australie.

Le 29 nous arrivions à Honolulu, dans les îles Sandwich, où nous fîmes une halte de vingt-quatre heures. Le consul d'Italie, l'excellent M. Schaefer, vint nous prendre à bord et nous mena dans un ravissant hôtel à vérandah enfoui sous la verdure : la coquetterie hollandaise, avec une végétation tropicale. Nous étions ravis et prêts à suivre notre guide dans les campagnes enchanteresses qui entourent la ville. Après avoir fait, à l'hôtel, notre toilette, nous vîmes revenir M. Schaefer porteur d'une invitation du roi Kalakaua nous conviant à une collation au palais pour 6 heures. Nous nous réjouissions de voir ce roi insulaire au milieu d'une cour que nous nous attendions à trouver grotesque, en costumes primitifs, toutes les femmes que nous avions rencontrées en ville et à la campagne étant habillées d'une simple tunique de calicot bariolé, la tête ornée d'une couronne de fleurs presque toujours jaunes, galopant à califourchon sur des petits chevaux et riant constamment entre elles. Quant aux hommes, même costume, rappelant les enfants, et même gaieté. Les Hawaiens ont le bonheur d'être convaincus que nous ne sommes pas ici-bas pour nous ennuyer. La cour qui règne sur ces philosophes devait être bien amusante.

En attendant l'heure à laquelle nous devions nous présenter au palais, nous fîmes une course de quelques heures à la vallée de Paly, entonnoir profond et escarpé dans lequel Kamehameha Ier, surnommé le Napoléon du Pacifique, avait précipité, après les avoir vaincues, les troupes des princes des îles voisines, qui furent ainsi soumises à sa domination. Après huit jours de roulis et de tangage continuels c'était pour nous une exquise jouissance de traverser ces campagnes vertes et parfumés, vrai joyau de la nature, où des lianes multicolores formaient d'un arbre à l'autre des chaînes de verdure qui s'entrelaçaient dans les branches lourdement chargées de bananes et de fruits de toutes sortes.

Cependant l'heure avançait et nous n'eûmes que le temps de rentrer en ville pour nous rendre au palais.

Toujours accompagnés par notre aimable consul nous fîmes notre entrée dans un beau jardin où nous attendaient deux aides de camp, jolis garçons blonds, serrés dans des uniformes à l'européenne, tout brodés d'argent.

Ils nous introduisirent, toujours en nous précédant, dans le vestibule très simple de la maison toute en rez-de-chaussée. Les portes du salon s'ouvrirent devant nous; deux laquais en livrée bleu de ciel à galons d'argent, irréprochables, tinrent les deux battants, et nous entrâmes dans une vaste pièce où les murs étaient couverts des portraits de tous les souverains du monde civilisé. Notre grand roi Victor-Emmanuel, du haut de son cadre, semblait nous souhaiter la bienvenue. Nous étions bien loin de notre espoir de rencontrer des sauvages, et quand S. M. Kalakaua s'avança gracieusement en me tendant la main, je compris que nous étions définitivement et complètement *volés*. Le roi, dont le visage indiquait à peine la couleur, d'une taille au-dessus de la moyenne, portait une redingote et des favoris à l'anglaise. Sa physionomie très sympathique, son abord simple et franc nous firent l'impression d'un parfait gentleman. Plus d'illusions, le roi nous parlait dans le plus pur anglais, et l'une de ses premières questions fut pour connaître nos préférences sur la valse à deux ou à trois temps.

Involontairement, sans doute, nous laissâmes percer notre étonnement ; ce qui nous valut de la part de Sa Majesté la remarque suivante, accompagnée d'un fin sourire : « Vous ne vous attendiez point, n'est-ce pas, à trouver une cour civilisée à Honolulu. Vous n'êtes pas les seuls. Lors de mon premier voyage aux États-Unis je crois avoir causé une véritable désillusion à la plupart des Yankees, qui s'attendaient sans doute à une tenue plus pittoresque que ma redingote noire. Hearny, le photographe de New-York, m'en a donné la preuve, en me priant, au moment de me mettre en pose, de bien vouloir prendre un air *sauvage*. »

Le « lunch » était servi et nous prîmes place à une table ou la vaisselle de Sèvres faisait resplendir l'argenterie des services. Pour excuser l'absence de la reine, le Roi daigna me dire *She is in the woods*.

Ce fut la seule note qui pût nous rappeler la couleur locale. Le repas fut charmant et la conversation intéressante, d'autant plus qu'outre notre consul, nous avions parmi nos commensaux le juge Allen, aimable vieillard, avec qui nous avions fait route depuis San Francisco.

Après la collation, le roi m'offrit son bras pour descendre au jardin, où se trouvait un pavillon dans lequel jouait une musique supportable, qui avec une galanterie tout européenne, passa la revue des airs nationaux de l'Italie. Nous serions restés là longtemps si nous n'avions pas eu à nous rendre au concert que Mme de Murska, passagère à notre bord, donnait à la cour et à la ville. Nous eûmes à peine changé de toilette qu'il fallut nous rendre dans la grande salle peu ornementée qui sert aux menus plaisirs d'Honolulu.

Nous allions prendre place, quand le roi fit son entrée ayant à son bras la reine *revenue du bois*. Mon amour de la vérité m'oblige à constater que l'auguste épouse rappelait plus richement que son mari les peintures du capitaine Cook, et que ses dames d'honneur ne faisaient point tache au tableau. La couleur allait s'accentuant. La reine portait une robe décolletée à traîne, en faille noire, et un ordre,

en écharpe, bleu de ciel. Le roi, tout de noir habillé, bottes vernies, tenait à la main un stick dont il joua constamment, assis dans un fauteuil doré. Décidément il n'y a plus de sauvages...
— Enfin à minuit, après un souper réconfortant à l'hôtel, nous étions rentrés à bord et retirés dans nos cabines, lorsque plusieurs coups ayant été frappés à ma porte je me trouvais en présence de l'un des deux aides de camp bleus qui nous avaient reçus le matin dans le jardin royal. Il tenait à la main un paquet mystérieux enveloppé dans un vaste mouchoir rouge dont il lâcha les bouts entre mes mains. C'était un don de Sa Majesté qui s'était souvenue de la bonne opinion que j'avais exprimée à l'égard des fruits qu'on nous avait servis à déjeuner. Entre deux *cerimoya*, je trouvais comme carte de visite le portrait de Kalakaua II revêtu de sa signature.

Le mouchoir vidé, l'aide de camp s'empressa de le reprendre. *La couleur locale reparaissait.*

Après vingt-deux jours d'un voyage difficile, nous arrivions à Auckland, dans la Nouvelle-

Zélande, où nous descendîmes pour faire une halte de vingt-quatre heures... Marcher sans vaciller, s'asseoir à une table couverte de linge blanc, avoir du pain frais, des provisions appétissantes, dîner paisiblement, sans se préoccuper des nuages ni de la direction du vent, c'était pour nous une jouissance bien appréciable.

Le soir du 26 juillet, je parus pour la première fois devant le public de Sydney que j'eus de la peine à quitter au bout d'un mois de continuelles ovations.

J'ai laissé sur les collines enchantées du Port Jackson des amis auxquels je renouvelle aujourd'hui l'expression de ma reconnaissance.

De Sydney, je passai à Melbourne, où je jouai trente-quatre soirs avec le même succès; puis je retournai à Sydney le 11 octobre pour faire mes adieux. — Adélaïde devait être notre dernière station dans cette région délicieuse, après quelques haltes dans les villes intermédiaires.

Je terminai par *Marie Stuart* le 4 décembre la série de mes 312 représentations de ce voyage artistique. J'avais parcouru — je le note à titre de curiosité — trente-cinq mille deux cent quatre-vingt-trois milles par mer (35.283 m.), et huit mille trois cent soixante-cinq lieues (8.365 l.) par terre. Partie de Rome le 15 avril 1874, j'y suis revenue le 15 janvier 1876 : mon absence a donc duré vingt mois et dix-neuf jours.

En 1878, je me rendis de nouveau en Espagne, puis en Portugal.

En octobre 1879, je visitai le Danemark, où je me suis si bien trouvée que j'y retournai en novembre suivant.

De Copenhague j'allai en Suède, et je fis un charmant séjour à Stockholm, cette Venise du Nord. Que ces calmes et froids riverains des golfes sont accessibles à l'enthousiasme sur le terrain de l'art! Le roi Oscar, que l'on dit poète à ses heures, nous révéla bientôt la finesse de son esprit et la distinction de ses sentiments artistiques. Un jour, dans le beau palais royal de Stockholm, il voulut bien nous entretenir longuement, en parlant italien, de souvenirs de sa famille dont plusieurs nous ramenèrent en Italie.

Parmi les nombreuses preuves de bienveillance que j'ai reçues, je mentionne avec orgueil que lors de ma dernière représentation, Sa Majesté vint avec ses fils me trouver dans ma loge pour me remettre lui-même une décoration dont la devise : *Litteris et artibus*, faisait revers à un portrait surmonté d'une couronne en brillants.

Durant mon séjour en Suède, nous faillîmes être victimes d'un grave accident. Les étudiants d'Upsala, ayant insisté pour me faire donner une représentation dans cette grande Université, j'avais, après plusieurs refus, fini par céder à la tentation de me retrouver de nouveau devant un public jeune et enthousiaste, et, au risque de supporter des fatigues au-dessus de mes forces, je renonçai à mon seul jour de repos entre deux représentations, dont l'une à Gothemborg. Il fallait, bon gré mal gré, voyager de nuit et prendre un train spécial. La contrée que nous devions traverser est coupée par des canaux accessibles aux navires de forts tonnages qui les remontent. Des ponts-levis ou tournants, dont la manœuvre est confiée à des aiguilleurs, permettent alternativement le passage des trains et celui des navires. Je m'étais endormie dans mon excellent wagon-lit lorsque je fus réveillée vers minuit et demi par une vive secousse. Le trains venait d'être arrêté brusquement, des signaux d'alarme retentissaient de toute part. Nous apprîmes en tremblant que nous venions d'échapper au plus grand danger; que la dépêche qui devait annoncer notre convoi portant 12 heures et demie avait été interprétée comme midi et demi. Nous n'étions pas attendus. Le gouffre était béant à quelques mètres devant nous, et nous allions y être précipités si notre machiniste, soit prudence, soit pressentiment, n'avait point ralenti sa marche, puis renversé la vapeur. Mon neveu Giovanni Tessero, qui avait recueilli ces détails, était pâle en nous les rapportant.

L'aiguilleur dormait d'un sommeil profond et ne s'empressait pas de nous ouvrir la voie; aussi nous restâmes en panne assez longtemps.

A peine réveillée, je m'étais rendormie aussitôt en disant: « Grâces à Dieu! » Le miracle accompli en notre faveur ayant été connu par les journaux, nous reçûmes de toute part des dépêches et des lettres nous montrant l'intérêt qu'on nous portait en Suède. Notre aimable ministre à Stockholm, M. de La Tour, fut des premiers à nous féliciter.

En redescendant vers le Sud je m'arrêtai pour la première fois à Munich afin d'y donner quelques représentations. Je les rappelle avec plaisir, parce que, plus encore qu'ailleurs, j'ai trouvé de la part des artistes allemands de cette capitale un accueil fraternel.

Je jouissais depuis de longs mois, dans ma maison de Rome, du repos tant désiré et, j'ose le dire, bien mérité, lorsque je fus reprise de nouveau de cette fièvre d'activité qui n'est pas absolument romaine. L'artiste est comme un soldat que la bataille enivre et que la paix décourage. Tout tranquillement, mais avec une énergie pour ainsi dire quotidienne, je me remis à travailler à la réalisation de l'idée qui me poursuivait depuis sept ans, celle d'aborder le théâtre anglais avec la pièce entière de *Lady*

Macbeth et d'interpréter en anglais mes principaux rôles. Mes progrès d'élève satisfaisaient mon excellente maîtresse miss Clayton, qui ne laissait passer aucune nuance défectueuse dans ma prononciation. Les voyages de santé, les affaires de famille qui interrompirent trop souvent mes études en m'impatientant, ne ralentirent pas mon ardeur. Tous mes efforts se concentrèrent sur les difficultés à vaincre pour la prononciation, car je n'avais pas la prétention d'apprendre à fond une langue nouvelle. Le grand orateur grec avec ses cailloux en bouche, sur les bords de la mer, fut-il plus énergique que moi, dans mon cabinet de travail? Pour m'approprier, le plus sûrement possible, le mécanisme de la langue, j'imaginai la méthode suivante. Je combinai un système d'annotations qui consistaient en « traits droits ascendants et descendants » au moyen desquels je reconnaissais, une fois pour toutes, les syllabes qui exigeaient de ma part une élévation ou un abaissement de la voix. Avec des lignes courbes ou concaves j'indiquais les degrés de sonorité à appliquer pour l'accentuation aux différentes syllabes entre elles. A l'aide de quelques-unes des diphtongues françaises j'étais parvenue à reproduire un son anglais si difficile à obtenir des cordes vocales d'une pure Latine, et j'ajoutais aux voyelles françaises une voyelle italienne qui, avec la valeur que nous lui donnons, pouvait composer cette expression phonétique qui est propre à chaque langue.

J'étais arrivée à ce moment heureux où les amis les plus indulgents décidèrent que je pouvais, sans trop de dangers, satisfaire le public anglais. Je partis pour Londres où j'étais attendue, et je débutai à Drury-Lane le 3 juin 1882, dans mon rôle tant aimé de lady Macbeth. Ce que j'éprouvai ce soir-là d'émotions, de craintes, ne peut s'exprimer. J'osais à peine croire à mon succès lorsque, après les chauds applaudissements de la salle, on vint de toute part me féliciter dans ma loge. Plusieurs de mes amis anglais eurent la franchise de me dire, ce que je savais du reste fort bien, que je n'avais pu me débarrasser entièrement des intonations italiennes ; mais ils voulurent bien ajouter que la mélodie de notre langue donnait une gracieuse originalité au mérite de ma reproduction. Après une série de représentations de *Macbeth*, je me décidai à donner la pièce d'*Élisabeth reine d'Angleterre*, traduite assez heureusement en anglais. A la première, quoique le public parût content, je ne fus pas satisfaite de moi-même. En voici la raison : le rôle de lady Macbeth est composé presque tout entier de monologues, de longues tirades, et de scènes à deux personnages ; tandis que celui d'Élisabeth, où j'étais toujours en scène, est coupé constamment de courtes répliques venant d'un grand nombre d'acteurs.

J'étais habituée depuis tant d'années aux mêmes interlocuteurs, qu'en me trouvant au milieu de personnes si peu familiarisées avec mes habitudes scéniques et jouant avec moi pour la première fois dans une langue étrangère, je me sentis comme déroutée, et les répliques qui m'étaient données dans un accent très pur m'apparurent pour la première fois comme la condamnation du mien. Un instant même mon courage faiblit : mais en songeant à mes responsabilités, j'eus bien vite repris le dessus, et je réussis ce soir-là à terminer le spectacle avec un succès supérieur à mon attente. Aux représentations suivantes tout alla pour le mieux.

Avec ces deux *pièces* je fis un voyage artistique dans les provinces anglaises où l'accueil reçu m'encouragea à revenir l'année suivante. Mon succès s'accentuait en marchant.

Après avoir consacré deux saisons à l'Angleterre, j'avais signé un engagement pour une longue tournée dans l'Amérique du Nord, afin de reproduire devant le public d'outre-mer ce que je venais de réussir dans le Royaume-Uni, en ajoutant à mon répertoire anglais les deux pièces de *Marie Stuart* et de *Marie-Antoinette*.

J'étais de passage à Paris, attendant l'heure de mon embarquement sur le *Saint-Germain*, lorsqu'on vint me demander de prendre part à une représentation qui devait être donnée au théâtre des Nations, pour les victimes du choléra, par la Comédie-Française et quelques grands artistes. Mes malles étaient faites ou parties; je n'avais autour de moi aucun acteur italien capable de me donner la réplique, et j'avais accepté néanmoins avec enthousiasme, parce qu'il s'agissait de secourir à la fois des misères françaises et italiennes. Mon frère César, qui était venu à Paris pour me faire ses adieux, consentit à me seconder avec une dame amateur qui voulait bien s'improviser actrice pour une soirée de bienfaisance. Je pus ainsi en quelques heures mettre en scène le somnambulisme de *Lady Macbeth* qui exige trois personnages. J'ajoutai le 5° chant de l'*Enfer* du Dante. Depuis bien des années je n'avais pas senti vibrer devant moi des cœurs français, et avant de quitter l'Europe j'ai éprouvé un vrai bonheur en me retrouvant une fois de plus en communion avec ce cher et bon public, qui m'avait valu mes premières joies hors de l'Italie.

Quelques heures après j'étais au Havre sur le *Saint-Germain*, emportant, pour me réjouir pendant la longue traversée, les articles si bienveillants qui, dans toute la presse française, m'avaient remerciée de mon dernier salut à la France.

Mon séjour en Amérique, commencé à Philadelphie dura 7 mois, et prit fin avec mon engagement le 7 mai 1885. Avant de quitter New-York, cependant, j'eus le plaisir de jouer *Lady Macbeth* avec le célèbre acteur Edwin Booth, le Talma des États-Unis. Nous ne pûmes donner qu'une seule représentation dans cette ville, le 7, à l'Académie de musique et une autre le 9 à Philadelphie. Le public était accouru en foule.

Au moment de partir, la direction de la troupe allemande vint me supplier de jouer, le 12, *Marie Stuart* avec ses artistes, eux en parlant allemand et moi anglais.

Cette proposition me parut d'abord inacceptable ! Je ne connaissais pas un mot de leur langue ; et pourtant j'avoue que cette nouvelle difficulté à vaincre me faisait désirer de tenter l'aventure... Je réfléchis qu'en prêtant une grande attention à l'expression des visages de mes interlocuteurs et qu'au moyen d'une mimique appropriée à la situation j'arriverais peut-être à faire cadrer les deux langues.

L'offre enfin acceptée, on vit en Amérique cette chose étrange : une artiste italienne parlant anglais avec des Allemands. Tout marcha bien, et, suprême illusion, les Américains me félicitèrent sur ma connaissance de la langue allemande. Cette dernière campagne au delà de l'Océan me laisse un souvenir bienfaisant de jouissances artistiques.

Le 23 mai 1886 nous débarquions à Southampton, heureux, malgré tout, de revoir notre vieille Europe et de nous trouver au terme d'un voyage qui, dans l'espace de sept mois, nous avait fait visiter soixante-deux villes du Nouveau Monde.

Nous n'aurions jamais réussi à parcourir en si peu de temps de telles distances, si le génie industriel, qui préside en Amérique à toutes les entreprises de locomotion, n'était pas venu à notre secours. — Il existe aux États-Unis une Compagnie, que celles des wagons-lits commencent à imiter chez nous, qui a pour but spécial de louer à la semaine ou au mois des

« wagons appartements » que l'on attache successivement aux trains pour toutes les destinations. Ces wagons servent souvent à des parties de plaisir. On évite ainsi le séjour dans les mauvais hôtels des petites villes; on n'est point condamné à ouvrir ou à fermer ses malles chaque jour; l'on peut vivre à sa guise comme chez soi, aussi commodément que si l'on voyageait à bord d'un yacht. Ce mode de locomotion est tellement entré dans les habitudes américaines, que tout est organisé dans les stations pour le remisage pendant la nuit et pour le renouvellement des provisions au matin. Ce fut au départ de Philadelphie que nous prîmes possession de notre maison ambulante dont nous avions entrepris *con amore* la toilette.

Dans un espace de soixante-deux pieds anglais, nous avions une antichambre, un salon, deux chambres à coucher, avec cabinets de toilette, deux petites pièces pour nos domestiques, l'office, la cuisine et, sous le wagon même, en guise de garde-manger, se trouvaient de grandes caisses en fer pour les provisions. — Notre salon présentait un confort tout particulier : tendu de *mezzari* de Gênes, il contenait piano, bibliothèque, étagères chargées de toutes sortes de bibelots, photographies, et même de belles plantes de serre chaude qui nous accompagnèrent jusque dans les pays les plus froids. Nous avions loué notre yacht roulant pour cinq mois. Souvent nous y avons passé quinze jours de suite sans songer aux distances parcourues, et lorsque, dans les grandes villes, nous le délaissions pour aller habiter à l'hôtel, on le remisait dans un hangar sous la surveillance de deux nègres, attachés spécialement à son service par la Compagnie. C'est à regret que nous avons laissé derrière nous sur la terre du Nouveau Monde cette charmante habitation, grâce à laquelle nous n'avons guère ressenti les fatigues de ce long voyage.

Avant de quitter le *Fulda*, magnifique bateau allemand, nous avons voulu fêter notre retour en Europe en envoyant un salut affectueux à notre cher pays. Nous proposâmes un toast à sa prospérité et à celle de nos souverains, Humbert et Marguerite de Savoie, qui en font la gloire et le bonheur; beaucoup de nos compagnons de voyage les plus distingués voulurent s'associer à cette démonstration patriotique.

Tels sont les événements principaux de ma vie d'artiste, que mon cœur guidé par ma mémoire vient de me dicter; et si, en évoquant mes souvenirs, j'ai dû faire retentir de nouveau les applaudissements qui me furent accordés, c'est parce que souvenirs et succès s'identifient les uns avec les autres, et surtout parce qu'en les rappelant, j'éprouve un légitime orgueil en les attribuant, pour la plus grande part, aux hommages que les publics d'outre-monts et d'outre-mer ont rendu, d'une façon si éclatante, à l'art italien.

J'ai écarté, mes lecteurs s'en apercevront, tout amour-propre d'auteur, toute prétention au style, et j'ai laissé à ces mémoires l'empreinte de la spontanéité qui, durant toute ma vie, est restée imprimée à mes actes comme à mes pensées. Je ne prétends pas me survivre par cet écrit, qu'au fond de ma retraite je livre à l'appréciation du public; mais j'aurai même dépassé mes espérances, si ma vie commencée si modestement et le chemin parcouru, peuvent servir d'émulation et d'exemple aux jeunes filles qui, se sentant une vocation sérieuse, se décident à affronter les difficultés de la carrière théâtrale.

Je n'ai plus qu'un devoir à remplir : celui de tendre une main amie à mes fidèles compagnons d'armes, à ceux qui m'ont suivie à travers les deux mondes, comme à ceux qui ont assisté et contribué à nos victoires.

TABLE DES CHAPITRES

                                                  Pages.

AVANT-PROPOS   1

CHAPITRE   I. — Commencements et débuts en Italie.   4

—   II. — Étude sur le rôle de Marie Stuart.   23

—   III. — Premier voyage en France. . . .   66

—   IV. — Étude du rôle de Myrrha.   105

—   V. — Étude du rôle de Médée.   131

—   VI. — Étude du rôle de Phèdre.   168

—   VII. — Tournée en Europe.   189

—   VIII. — Étude du rôle de Lady Macbeth. .   198

—   IX. — Représentations à Madrid   221

Chapitre X. — Longue tournée en Europe. — Premier voyage en Amérique ... 239

— XI. — Étude du rôle d'Élisabeth 269

— XII. — Second voyage en Amérique ... 304

— XIII. — Autour du monde 323

LIBRAIRIE PAUL OLLENDORFF

28 bis, rue de Richelieu, Paris.

Histoire universelle du Théâtre, par ALPHONSE ROYER. 6 forts volumes in-8°. . . . . 45 fr. »

> L'importance de l'œuvre entreprise par ALPHONSE ROYER n'échappera à personne; il est inutile d'insister sur l'intérêt qu'offre cet ouvrage considérable qui raconte les diverses évolutions du théâtre dans tous les pays, depuis l'antiquité jusqu'à nos jours.
>
> Les tomes V et VI qui embrassent la production dramatique européenne du XIX° siècle, et qui forment à eux seuls un ouvrage complet, se vendent séparément. Ils ont pour titre :

Histoire du Théâtre contemporain en France et à l'étranger, depuis 1800 jusqu'à 1875, par ALPHONSE ROYER. 2 forts volumes in-8°. . . . . 15 fr. »

La Comédie Française à Londres (1871-1879). — Journal inédit de E. GOT. — Journal de F. SARCEY. — Publiés avec une introduction par GEORGES D'HEYLLI. 1 volume in-16, sur papier vergé de Hollande. . . . . 5 fr. »

Histoire de Ruy-Blas, par ALEXANDRE HEPP et CLÉMEMT-CLAMENT. 1 volume in-18. . . . . 0 fr. 50

Histoire littéraire, critique et anecdotique du Théâtre du Palais-Royal (1784-1884), par EUGÈNE HUGOT. 1 volume grand in-18 . . . . 3 fr. 50

Mémoires de Samson, de la Comédie-Française. 1 volume grand in-18 . . . . 3 fr. 50

Les Mille et une Nuits du Théâtre, par AUGUSTE VITU (4 séries sont en vente). Chaque série formant un volume grand in-18. . . . . 3 fr. 50

Souvenirs de Frédérick Lemaître, publiés par son fils, avec portrait. 1 volume grand in-18 . . . . 3 fr. 50

Souvenirs et Études de Théâtre, par P. RÉGNIER, de la Comédie-Française, avec un portrait de l'auteur gravé par A. BLANCHARD, et des frontispices dessinés par ESCALIER et CLAIRIN. 1 volume grand in-18 . . . . 3 fr. 50

Paris. — Typ. G. Chamerot, 19, rue des Saints-Pères — 20687.

www.ingramcontent.com/pod-product-compliance
Lightning Source LLC
Chambersburg PA
CBHW052237220526
45471CB00001B/89